Composición de textos en productos gráficos

Miguel Ángel Castro Tirado

ic editorial

Composición de textos en productos gráficos
© Miguel Ángel Castro Tirado

1ª Edición

© IC Editorial, 2025

Editado por: IC Editorial
c/ Cueva de Viera, 2, Local 3
Centro Negocios CADI
29200 Antequera (Málaga)
Teléfono: 952 70 60 04
Fax: 952 84 55 03
Correo electrónico: iceditorial@iceditorial.com
Internet: www.iceditorial.com

ISBN: 978-84-1184-582-3
Depósito Legal: MA 155-2025

Impresión: PODiPrint
Impreso en Andalucía – España

Nota de la editorial: IC Editorial pertenece a Innovación y Cualificación S. L.

Presentación del manual

El **Certificado de Profesionalidad** es el instrumento de acreditación, en el ámbito de la Administración laboral, de las cualificaciones profesionales del Catálogo Nacional de Cualificaciones Profesionales adquiridas a través de procesos formativos o del proceso de reconocimiento de la experiencia laboral y de vías no formales de formación.

El elemento mínimo acreditable es la **Unidad de Competencia.** La suma de las acreditaciones de las unidades de competencia conforma la acreditación de la competencia general.

Una **Unidad de Competencia** se define como una agrupación de tareas productivas específica que realiza el profesional. Las diferentes unidades de competencia de un certificado de profesionalidad conforman la **Competencia General,** definiendo el conjunto de conocimientos y capacidades que permiten el ejercicio de una actividad profesional determinada.

Cada **Unidad de Competencia** lleva asociado un **Módulo Formativo,** donde se describe la formación necesaria para adquirir esa **Unidad de Competencia,** pudiendo dividirse en **Unidades Formativas.**

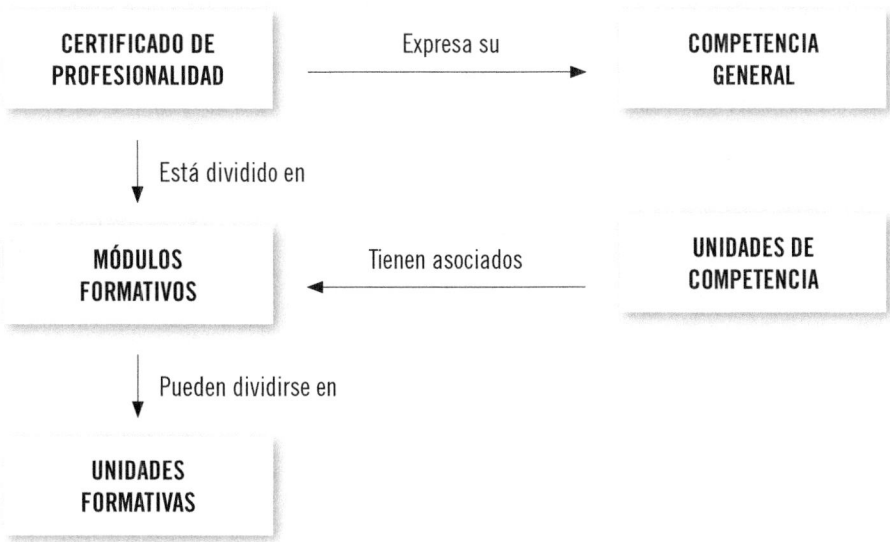

El presente manual desarrolla la Unidad Formativa **UF1460: Composición de textos en productos gráficos,**

perteneciente al Módulo Formativo **MF0698_3: Arquitectura tipográfica y maquetación,**

asociado a la unidad de competencia **UC0698_3: Componer elementos gráficos, imágenes y textos según la teoría de la arquitectura tipográfica y la maquetación,**

del Certificado de Profesionalidad **Diseño de productos gráficos.**

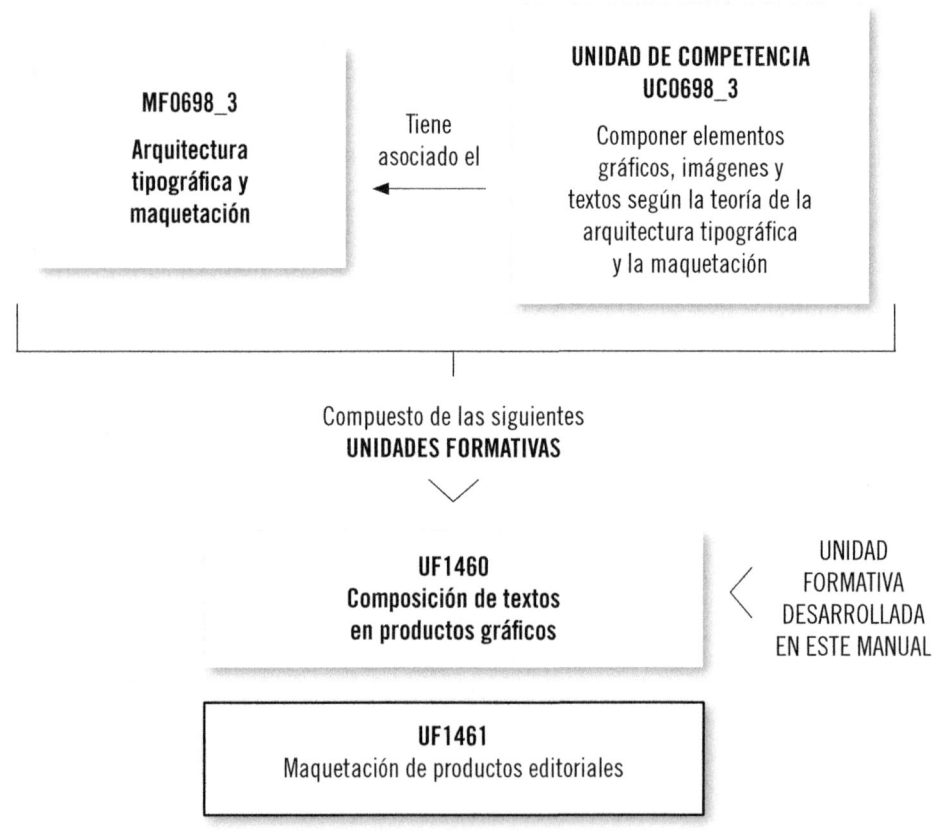

MF0698_3

Arquitectura
tipográfica y
maquetación

Tiene
asociado el

**UNIDAD DE COMPETENCIA
UC0698_3**

Componer elementos
gráficos, imágenes y
textos según la teoría de la
arquitectura tipográfica
y la maquetación

Compuesto de las siguientes
UNIDADES FORMATIVAS

UF1460
Composición de textos
en productos gráficos

UNIDAD
FORMATIVA
DESARROLLADA
EN ESTE MANUAL

UF1461
Maquetación de productos editoriales

FICHA DE CERTIFICADO DE PROFESIONALIDAD

(ARGG0110) DISEÑO DE PRODUCTOS GRÁFICOS (R. D. 1520/2011, de 31 de octubre)

COMPETENCIA GENERAL: Desarrollar proyectos gráficos a partir de las especificaciones iniciales del producto; elaborando bocetos, seleccionando y adecuando color, imágenes y fuentes tipográficas; creando elementos gráficos, maquetas y artes finales; utilizando herramientas informáticas; realizando presupuestos en función de las características del proyecto y verificando la calidad del producto terminado.

Cualificación profesional de referencia		Unidades de competencia	Ocupaciones o puestos de trabajo relacionados:
ARG219_3 DISEÑO DE PRODUCTOS GRÁFICOS (R. D. 1228/2006, de 27 de octubre)	UC0696_3	Desarrollar proyectos de productos gráficos	· Diseñador gráfico · Grafista · Maquetista · Arte finalista
	UC0697_3	Tratar imágenes y crear elementos gráficos con los parámetros de gestión del color adecuados	
	UC0698_3	Componer elementos gráficos, imágenes y textos según la teoría de la arquitectura tipográfica y la maquetación	
	UC0699_3	Preparar y verificar artes finales para su distribución	

Correspondencia con el Catálogo Modular de Formación Profesional

Módulos certificado	Unidades formativas	Horas
MF0696_3: Proyecto de productos gráficos	UF1455: Preparación de proyectos de diseño gráfico	50
	UF1456: Desarrollo de bocetos de proyectos gráficos	90
MF0697_3: Edición creativa de imágenes y diseño de elementos gráficos	UF1457: Obtención de imágenes para proyectos gráficos	40
	UF1458: Retoque digital de imágenes	70
	UF1459: Creación de elementos gráficos	50
MF0698_3: Arquitectura tipográfica y maquetación	UF1460: Composición de textos en productos gráficos	90
	UF1461: Maquetación de productos editoriales	50
MF0699_3: Preparación de artes finales	UF1462: Elaboración del arte final	60
	UF1463: Arte final multimedia y e-book	30
	UF1464: Calidad del producto gráfico	30
MP0312: Módulo de prácticas profesionales no laborales		40

Índice

Capítulo 1
Arquitectura tipográfica

1. Introducción	7
2. Definición y partes del tipo	7
3. Familias tipográficas y campos de aplicación	19
4. Tipometría	27
5. Originales de texto	35
6. Aspectos a considerar para la selección de tipografías	41
7. Factores a considerar en la composición de textos	47
8. Principales problemas relacionados con la maquetación y la selección de tipos	51
9. Arquitectura de la página	57
10. Tipos de fuentes, instalación y gestión	60
11. Normas UNE, ISO, libros de estilo	65
12. *Software* de edición y compaginación de textos	68
13. Resumen	71
Ejercicios de repaso y autoevaluación	73

Capítulo 2
El formato del producto gráfico

1. Introducción	79
2. Los diferentes tipos de formatos gráficos	79
3. Peculiaridades y condicionantes de los distintos tipos de formatos	85
4. Herramientas de composición de textos en productos gráficos	101
5. Aplicación tipográfica en formatos estándar (din-a)	130
6. Aplicación tipográfica en otros formatos	136
7. Introducción a las hojas de estilo en cascada CSS	165
8. Resumen	166
Ejercicios de repaso y autoevaluación	167

Capítulo 3
Elaboración de maquetas de productos gráficos

1. Introducción	175
2. Metodología de la creación de maquetas de productos gráficos	175

3. Materiales para la creación de maquetas   183
4. Creación de maquetas   215
5. Impresión de maquetas   234
6. Creación de maquetas de *packaging*   267
7. Calidad en las maquetas   283
8. Resumen   295
    Ejercicios de repaso y autoevaluación   297

Bibliografía   301

Capítulo 1
Arquitectura tipográfica

Contenido

1. Introducción
2. Definición y partes del tipo
3. Familias tipográficas y campos de aplicación
4. Tipometría
5. Originales de texto
6. Aspectos a considerar para la selección de tipografías
7. Factores a considerar en la composición de textos
8. Principales problemas relacionados con la maquetación y la selección de tipos
9. Arquitectura de la página
10. Tipos de fuentes, instalación y gestión
11. Normas UNE, ISO, libros de estilo
12. *Software* de edición y compaginación de textos
13. Resumen

1. Introducción

La comunicación escrita se sustenta en el uso de unos determinados signos (letras, dígitos, etc.) agrupados sucesivamente en palabras, frases y textos que, por convención sociocultural, han adquirido unos significados que permiten la transmisión de mensajes inteligibles.

Si bien es necesario que el texto formado por esas palabras se estructure según unas normas gramaticales propias a cada lenguaje para que la transferencia comunicativa sea efectiva, no es menos cierto que sin unas letras apropiadas este proceso es inviable.

La arquitectura tipográfica se encarga de analizar, evaluar o intervenir sobre los diferentes parámetros que participan de la definición geométrico-formal de estos signos.

Esta disciplina considera aspectos técnicos, como sistemas de medición y cálculo, que facilitan la racionalización de la comunicación escrita en adecuación a las condiciones de lectura. Igualmente, abarca ámbitos humanísticos como la percepción psicológica frente a diferentes tipos de letras o a composiciones textuales con una determinada organización.

Se puede entender entonces la considerable relevancia que tiene la arquitectura tipográfica dentro de los campos del diseño gráfico, editorial o de otras actividades relacionadas con la comunicación visual (como la publicidad, la cartelería o la arquitectura), puesto que de esta disciplina dependerá en gran medida el entendimiento del mensaje contenido o la efectividad de su calado en los lectores.

2. Definición y partes del tipo

La RAE (Real Academia Española) define **tipo** como "pieza de la imprenta y de la máquina de escribir en que está de realce una letra u otro signo". Alude a cada una de las piezas que se usaban para componer el texto en la imprenta tradicional. Es decir, el tipo es el bloque o paralelepípedo (generalmente de metal) que presenta en una de sus caras una letra, dígito o signo en relieve, de forma que permita su uso como tampón de impresión.

Algunos tipos físicos

En cualquier caso, aunque perdura el uso del tipo para referirse al elemento físico propio de la imprenta tradicional, en el contexto actual de trabajo comúnmente informatizado, se usa esta misma palabra para hacer mención al **modelo vectorial** que determina cada uno de los aspectos de una determinada letra.

En el diseño tipográfico se pueden encontrar unos parámetros que ayudarán a determinar el aspecto final del texto. Estos definen una **relación geométrica entre las diferentes alturas de las letras.** Se denominan **líneas de referencia:**

- **Línea base:** recta sobre la que se apoyan las letras en una línea de texto para facilitar y dar fluidez a la lectura. Aunque no es frecuente, en ocasiones algunos tipos de letra no respetan la homogeneidad de apoyo en la base.
- **Línea media, ojo medio o altura de x:** fija la altura de las minúsculas, siendo representada por la letra x. De su mayor o menor altura dependerá en buena medida la mejor o peor legibilidad del tipo.
- **Altura de las ascendentes o alineación superior:** es la distancia existente desde la altura de la x hasta el extremo superior de las ascendentes.
- **Altura de las descendentes o alineación inferior:** es la distancia existente desde la línea base hasta el extremo inferior de las descendentes.

■ **Altura de las mayúsculas:** es la distancia existente entre la línea base y el extremo superior de las mayúsculas. En ocasiones puede coincidir con las alturas de las ascendentes.

Líneas de referencia

Altura de la ascendente
Altura de las mayúsculas
Línea media

Línea de base
Altura de la descendente

 Sabía que...

A mediados del siglo XV, Johann Gutenberg desarrollaría un método para elaborar moldes de tipos que se usarían para la impresión de letras individuales. Esta técnica mantendría su vigencia en la imprenta hasta el siglo XX.

Actividades

1. Investigando diferentes publicaciones impresas, encuentre una tipografía en la que la altura de las ascendentes sea mayor que la de las mayúsculas, otra en la que la altura de las ascendentes sea menor que la de las mayúsculas, y una última en la que la línea media sea mucho menor que la altura de ascendentes y descendentes.

Partes del tipo

Es frecuente que se use la expresión **anatomía tipográfica** en referencia al análisis de la estructura o la clasificación de las partes o atributos de un tipo de letra. Esto es así puesto que algunos de los términos que se usan para ello resultan homólogos a los utilizados para referirse a las partes del cuerpo humano.

A continuación, se presenta una definición de estas partes:

- **Trazo:** se refiere a la línea directriz de la forma de una letra, reflejando algunas características de esta como las proporciones o el contorno. Su nombre deriva del trazado manual de la letra mediante el uso de útiles tradicionales como la pluma o el pincel.

Trazo de una letra

- **Asta o fuste:** rasgo vertical u oblicuo que determina la estructura básica de la letra.

- **Asta ondulada o espina:** rasgo que conjunta curva y recta o contracurvado que determina la estructura básica de la letra.

- **Anillo:** forma circular que determina la estructura básica de la letra.

- **Arco:** forma curva abierta que determina la estructura básica de la letra.

- **Brazo:** trazo secundario horizontal u oblicuo que surge del asta.

- **Ascendente:** en algunas letras minúsculas, el trazo que sobresale por encima de la altura del ojo medio.

- **Descendente:** en algunas letras, el trazo que se extiende bajo la línea base.

Recuerde: Tanto la ascendente como la descendente determinarán las líneas de referencia homónimas definiendo dos de los parámetros que ayudarán a concretar la apariencia de la letra y el texto.

- **Barra:** línea horizontal que conecta por sus extremos con otras partes de la letra.

- **Bucle o panza:** trazo curvo que cierra contra un asta.

- **Pata, pierna o cola:** línea que se extiende bajo alguna parte de la letra.

- **Travesaño o cruz:** línea que atraviesa perpendicularmente el asta princi-pal, sin que sea por sus extremos.

- **Ojo:** contorno interior de un trazo cerrado de una letra.

- **Ojal:** contorno cerrado propio de la descendente de la letra g.

- **Cuello o ligadura:** línea que une la parte superior (anillo) e inferior (ojal) de la letra g.

- **Oreja:** trazo que sobresale del anillo de una letra.

g

- **Hombro o arco:** acabado curvo en la unión superior de dos elementos del trazado.

- **Talón:** acabado curvo en la unión inferior de dos elementos del trazado.

- **Ápice:** unión superior en ángulo entre dos trazos no perpendiculares.

A

- **Vértice:** unión inferior en ángulo de dos trazos no perpendiculares.

- **Serifa, pie o patín:** tipo de remate en el extremo inferior de la letra que sirve para remarcar la línea de base. Aunque no sea estrictamente correcto, en ocasiones también se alude a la serifa simplemente como remate.

Nota: Aunque aquí se exponen los remates más frecuentes y convencionales, es necesario recordar que en el ilimitado abanico de tipos de letra, existen algunos más fantasiosos que presentan todo tipo de remates, como flores, huesos, estrellas, etc.

- **Lágrima o gota:** remate de un trazo con un recrecimiento de forma redondeada.

- **Botón:** remate de un trazo en un elemento circular.

- **Bandera:** remate de un trazo ensanchándolo.

- **Uña o gancho:** remate de un trazo con un recrecimiento en forma afilada.

- **Espolón:** extensión angulosa destacada en el contorno del encuentro de líneas de algunas letras.

- **Aguijón:** remate de una línea curva mediante un pequeño trazo recto.

- **Asiento:** remate recto perpendicular inferior de un asta vertical.

- **Capitel:** remate recto perpendicular superior de un asta vertical.

- **Tarabita:** trazo horizontal propio de algunos diseños de la letra G.

- **Espuela:** trazo perpendicular a la tarabita de algunos diseños de la G.

Dado que no hay un acuerdo que homogenice el uso de estos términos, se han recogido, en muchos casos, varias de las diversas formas que se usan para aludir a un mismo concepto.

 Importante

El diseño de estos atributos influirá en la forma en la que estos sean percibidos y alterará las connotaciones que transmita, por lo tanto afectará a la comunicación del contenido.

Aplicación práctica

Se le encarga que compruebe un documento que ha sido devuelto en la revisión posterior a la impresión para que encuentre el problema existente y su posible repercusión. A continuación, se expone una muestra del mismo:

El papel del arte en el espacio público ha ido progresando desde el monumento hasta la integración en la realidad urbana. Así mismo, la arquitectura ha ido complejizando su relación con la ciudad atendiendo parámetros no tradicionales. El trabajo de estas materias sobre el paisaje, natural o urbano, ha llegado a zonas de solape en las que la colaboración interdisciplinar puede mejorar los resultados.

SOLUCIÓN

Por alguna razón, aunque este tipo de letra *(slab serif)* debería tener serifa, esta no se ha impreso en la mitad izquierda del documento, apareciendo además unos interletrajes excesivos.

Al no estar presente, tampoco ejerce su función, que es remarcar la línea de base para facilitar su seguimiento. Por lo tanto, esta carencia parcial provoca que, mientras que en la parte derecha del texto, el ojo tiende a encontrar esta guía y se acomoda a ella, en la parte izquierda, su ausencia pueda provocar la pérdida de la línea y dificulte la lectura.

Actividades

2. Seleccione el titular de la portada de un periódico de actualidad. Cópielo representando solo los trazos.
3. Coloree en un tono que destaque todos los ojos del texto de una noticia de un periódico.
4. Encuentre cinco modelos de remates diferentes usados en documentos impresos. Identifique si pertenecen a alguna de las clases que se exponen en este apartado.

3. Familias tipográficas y campos de aplicación

El esfuerzo de agrupar conjuntos de letras en familias que reúnan determinadas semejanzas es un hecho recurrente desde el siglo pasado. Estas clasificaciones suelen considerar parámetros como su datación, el marco artístico en el que se crean, la definición de sus remates u otros aspectos formales.

Pese a que haya habido múltiples intentos por establecer una categorización que sea aprobada y reconocida, como la clasificación de Maximilien Vox, la de Robert Bringhurst, o las de la Atypl (Asociación Tipográfica Internacional), no existe un convenio que establezca unas determinadas familias y sea unánimemente aceptado.

 Nota

La Atypl es un organismo internacional sin ánimo de lucro cuyo objetivo es relacionar diseñadores, editores y otros actores de la actividad tipográfica y promover su desarrollo, su difusión y el debate en torno a esta.

 Actividades

5. Busque y sintetice alguna de las propuestas de clasificación anteriormente citadas.
6. Encuentre algún tipo de letra cuya clasificación según el sistema seleccionado en el ejercicio anterior le resulte ambigua o imposible.

3.1. Clasificación de tipologías

En este sentido, se pretende aportar una categorización práctica que relacione la fuente en función de sus características, lo que determinará finalmente sus ámbitos de uso más convenientes.

Así, las tipografías se clasifican en:

- **Serif:** se caracterizan por un grosor variable y terminar en unos remates estilizados, llamados serifas o enlaces, en los extremos de la letra, que dan fluidez y facilitan seguir la línea de lectura. Se asocian a sensaciones de dignidad, calma y firmeza. Algunos ejemplos son *Baskerville Old Font, Palatino Linotype, Arabic Typesetting* o *Bell MT.*

Baskerville Old Font   Bell MT

Arabic Typesetting   **Bodoni**

Garamond   Palatino Linotype

Times New Roman

Algunos tipos serif

- **Slab Serif, Mecana o Egipcia:** son una variación de la anterior, aunque con una apariencia mecanografiada. Su trazado es más tosco y, pese a que también tienen serifas, estas no son sutiles, sino tan remarcadas como el resto del tipo. Como ejemplo, se podrían señalar *Arvo, TypoSlabSerif, Playbill, Lucida Console,* o *Fragment Core.*

Playbill

Lucida console

Courier New

Consolas

TypoSlabSerif

Stymie Stylus

Fragment Core

Algunos tipos slab serif

- **Sans serif:** literalmente, sin serifa. También llamadas de palo seco. Tienen trazado uniforme, que propicia su legibilidad, en especial a distancia. Son más neutras y minimalistas que las *serif* y sugieren sobriedad, orden y limpieza. Algunos ejemplos son *Isocpeur, Phoenix, Ebrima* o *Labtop Superwide.*

Helvetica

Ebrima

Calibri

Arial

Raavi

Verdana

Algunos tipos sans serif

- **Script o manuscritas:** agrupan todas las que parecen realizadas a mano, ya sea con una caligrafía meticulosa o con descuido. Mientras que las primeras resultan artificiosas y refinadas, las segundas reflejan informalidad y naturalidad. Algunos ejemplos son *Gapstown AH, Old English Text MT, Pristina, Comic Sans* o *Edwardian Script.*

Comic Sans *Edwardian Script*

Blackadder ITC *Pristina* *Vivaldi*

Old English Text MT

Algunos tipos script

- **Display** o de exhibición: son aquellas diseñadas especialmente para destacar por diseño o asociación (con una marca, un dibujo, etc.). Su uso es esencialmente decorativo, por lo que no es adecuado para cuerpos de texto y, por su heterogeneidad, transmitirán algo diferente en cada caso. De los muchos ejemplos que hay, se pueden apuntar algunos tan dispares como *Adidas, Jokerman, Curlz MT, Lord of the rings* o *Ravie*.

Magneto **Jokerman**

Curlz MT fantastica

LokiCola **Ravie**

Air Conditioner

Algunos tipos display

Consejo

Aunque se puedan encontrar atractivas determinadas fuentes *display* y se considere que no son excesivamente aparatosas, se debe reducir su uso a textos pequeños en los que se pretenda llamar la atención o añadir alguna connotación al significado, como puede ser en carteles publicitarios, logotipos, etc.

Actividades

7. Para evaluar la importancia de una tipografía en la percepción de un texto, seleccione tres marcas que se asocien a una determinada tipografía y cámbiela por una fuente de una familia tipográfica diferente.
8. Copie el texto de una noticia (no menos de 100 palabras), modifique la fuente a un tipo de exhibición y trate de leerlo. ¿Qué efectos produce este cambio sobre su lectura?

3.2. Variantes tipográficas

Por otro lado, también se denomina familia a las diferentes **variaciones asociadas a una clase particular de fuente** que existen:

- **Normal o Regular:** se entiende por ello al formato estándar en el que inicialmente se ha diseñado el tipo. Es el de uso más frecuente y se aplica a la mayoría de los cuerpos de texto, especialmente a los extensos.
- **Cursiva:** se caracteriza por presentar una inclinación del extremo superior del tipo hacia la derecha. Su función se remite a la introducción de connotaciones implícitas o al remarcado intencionado de una determinada palabra dentro de una frase. En ocasiones, pese a no ser ortodoxo, se utiliza para señalar citas. Igualmente se usa para señalar palabras en idiomas ajenos al del resto de la escritura o incluso palabras que no existen.
- **Negrita:** generalmente se refiere al tipo que posee un grosor de trazo mayor al formato natural. No obstante, la digitalización del diseño tipográfico ha producido familias tipográficas en las que existe una graduación entre el tipo más esbelto y el más grueso. Se usa para destacar fragmentos de texto por su importancia.
- **Versalita:** mantiene las mayúsculas de un texto como en el formato natural y convierte las minúsculas en mayúsculas reduciendo la altura de las mismas. Se usa cuando se quiere destacar un texto en mayúsculas, sin que se pierda legibilidad o se transmita sensación de elevar el tono.

Ejemplo de familia tipográfica

Helvetica Neue 27 Ultra Light Condensed
Helvetica Neue 35 Thin
Helvetica Neue 45 Light
Helvetica Neue 55 Roman
Helvetica Neue 65 Medium
Helvetica Neue 75 Bold
Helvetica Neue 85 Heavy Extended
Helvetica Neue 95 Black Extended

Recuerde

Cada clase de tipo es apropiada para unos determinados campos de aplicación. El uso de una tipografía inadecuada en un documento concreto puede dificultar la transmisión de su contenido y deteriorar todo el trabajo de composición.

3.3. Campos de aplicación

Atendiendo a sus características, se pueden asociar las diferentes familias tipográficas con unos campos de aplicación para los que resultan más apropiados y efectivos:

- **Serif:** son los más apropiados para la lectura de un cuerpo de texto extenso, especialmente si el tamaño de la fuente es reducida o el interlineado escaso, puesto que sus serifas facilitan seguir la línea de lectura.

Ejemplo de tipo serif en periódico

- **Slab serif:** pese a que también son adecuados para la lectura continuada, su aspecto tosco las hace menos apropiadas para textos en los que el interlineado es pequeño. Sin embargo, resultan idóneas cuando se pretende simular un documento escrito a máquina tradicional.
- **Sans Serif:** su sencillez las hace válidas para casi cualquier función y, por lo tanto, son válidas para la lectura de textos largos aunque pueden presentar complicaciones con composiciones compactas. Sin embargo, resultan especialmente acertadas cuando se recurre a fuentes grandes o a lecturas desde cierta distancia.
- **Script:** su uso se debe limitar a imitación de escritos a mano y evitando en la medida de lo posible textos largos.

Ejemplo de tipo script en invitación

- **Display:** dado que esta familia recoge gran variedad de fuentes, su aplicación podría ser diversa. Sin embargo, aunque formalmente resulten diferentes, se puede afirmar que su utilización debe de limitarse a textos cortos en los que se quiera transmitir algún matiz.

Ejemplo de tipo display en logotipo

Definición

Familia tipográfica

Es un conjunto de fuentes tipográficas que presentan similitudes que permiten clasificarlas bajo una misma característica, independientemente de que presenten ciertas diferencias de diseño. También son conocidas como familias de fuentes.

Aplicación práctica

Recibe el encargo de realizar el cartel del IV Congreso de Desarrollo Urbano Mediterráneo, documento para exponer en exteriores e interiores mediante paneles apaisados de 100x60cm. El cartel debe contener la información principal (nombre, lugar, fechas, etc.) y otra pormenorizada (contenido de las conferencias, autores y sus méritos, otros eventos, etc.). Presente una propuesta justificando las fuentes seleccionadas.

SOLUCIÓN

Para empezar, será necesario considerar la distancia a la que deben ser leídos los diferentes contenidos, por lo que los tamaños de los mismos tendrán que adaptarse a este precepto. Así mismo, habrá que determinar un color que asegure el contraste apropiado para la buena legibilidad. Por el formato del soporte y la finalidad del mismo, para el título principal se podría usar una fuente para llamar la atención, como una tipografía de exhibición. Sin embargo, dado que se trata del nombre del congreso, que pretende ser formal y respetable, resultará más apropiado decantarse por una letra de palo seco más neutra y con buena legibilidad en lecturas a distancia. Igualmente apropiado resultará el uso de dicha tipografía para el resto de datos principales. No obstante, dado que la información secundaria incluye un contenido más extenso que tendrá que tener un tamaño menor, para lo que el lector interesado deberá aproximarse al cartel, será preferible optar por una *serif* o, en menor medida, *slab serif,* siendo también aceptable el uso de *sans serif.*

Continúa en página siguiente >>

<< Viene de página anterior

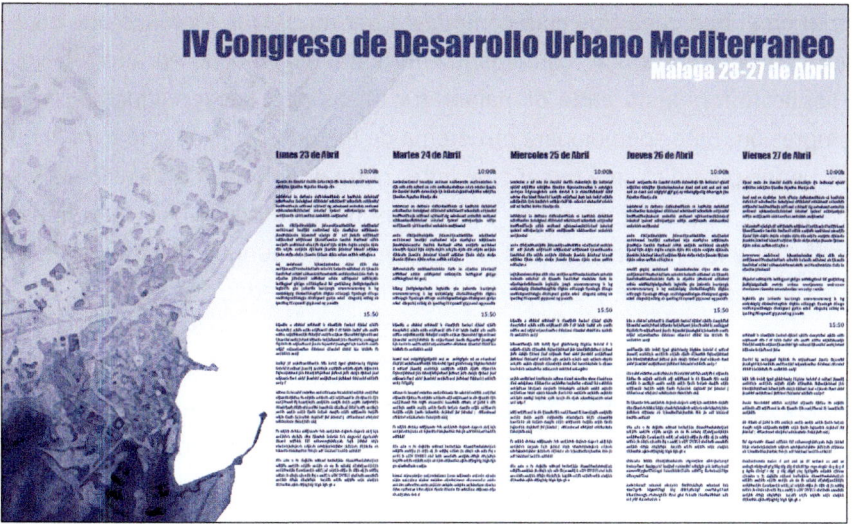

Cartel de congreso

4. Tipometría

Con la difusión de la imprenta, se hace necesario concretar un **sistema de medidas** que precise unas unidades tipométricas sólidas con las que establecer unas proporciones de dimensiones que permitiesen desarrollar relaciones laborales ordenadas.

Ejemplo

El sistema de medida tipométrico posibilita que un mismo profesional elabore numerosos tipos que pueden ser usados por diferentes impresores siguiendo unas medidas establecidas, en lugar de tener que ceñirse a las dimensiones requeridas individual y específicamente por cada editor.

En este sentido, este sistema se idea en un contexto de desarrollo industrial en el que cada tipo está compuesto por un bloque metálico que contiene en una de sus caras el correspondiente carácter grabado en altorrelieve y es dispuesto formando parte de palabras y líneas para ser reproducido mediante impresión. Esto condicionará el sistema de medidas, puesto que para lo que se entiende por un mismo tamaño de letra, normalmente, las dimensiones dependerán del propio carácter. Así, una mayúscula será mayor que una minúscula, o la "q" y la "h" tendrán más altura que la "x", aunque la primera destaque bajo la línea de base y la segunda sobre la línea media.

Esta circunstancia, unido a la dificultad de medir dimensiones tan reducidas (en los tipos más pequeños), conlleva que se opte por considerar las medidas del bloque completo en el que se inscriben los caracteres, incluyendo el espacio en blanco alrededor de la letra.

Sabía que...

Cada tipo (bloque de metal) se elaboraba independientemente mediante su fundición en un molde elaborado específicamente para él, y que su uso se prolongaba hasta que se rompía o su desgaste provocaba una impresión defectuosa.

Partes del tipo

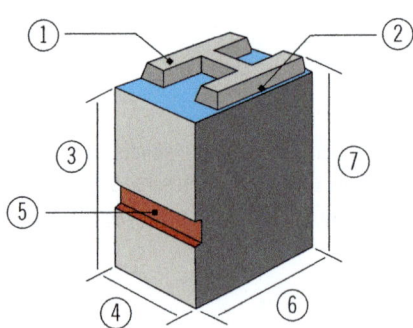

El tipo constará de las siguientes partes:

1. El carácter.
2. La línea de base.
3. La altura de bloque.
4. El ancho del bloque.
5. El cran (la ranura de posición).
6. El cuerpo.
7. La altura de impresión.

 Actividades

9. Con el objetivo de valorar la complejidad de calcular las dimensiones de una letra, elija un artículo de un periódico impreso para trabajar sobre él. Copie, mida y anote la altura y anchura de los primeros veinte caracteres del cuerpo del texto (no del titular, ni del subtítulo).

Aunque el desarrollo tecnológico y la participación de la informática en los procesos de edición ha dejado obsoleto el uso de los bloques metálicos, y por lo tanto el sistema de medidas que se basaba en estos, el hecho es que la tradición ha llevado a que su uso siga vigente, aunque con algunas salvedades.

Mientras que el cuerpo del bloque incluía la propia letra, así como los espacios superiores e inferiores de la misma (lo que evitaba que se superpusiesen con las líneas consecutivas), actualmente se usa el cuerpo para remitirse a una relación de tamaño, aunque no a la medida exacta de una letra en particular.

Ejemplo

Si se comparan dos texto escritos en Arial, uno con cuerpo 10 y otro 12, no quiere decir que todas las letras tengan 10 y 12 puntos de altura respectivamente, puesto que habrá unas letras de mayor tamaño (A, K, L, b, g, h, etc.) y otras de menor tamaño (e, z, n, u, w, x, etc.), sino que el segundo será un 20 % mayor que el primero.

En todo caso, no existe un único sistema tipográfico de medida universal, sino que a lo largo del tiempo se han desarrollado diversas variantes que conviven en la actualidad.

Tipometría

Sistema Fournier

A mediados del siglo XVIII Pierre Simon Fournier *el Joven,* un importante fundidor y grabador de tipos de origen francés, publica su *Manual tipográfico* y presenta su tabla de proporciones, que plantea un sistema duodecimal para la fundición de tipos.

Para establecer esta escala, fraccionó en seis partes iguales el tipo más pequeño que se usaba (de nombre *nomparela),* denominando punto a cada una de estas partes, contando este con una equivalencia de 0'350 mm.

A partir de aquí, desarrolló unas relaciones aritméticas de proporcionalidad según las cuales doce puntos equivalían a un cícero, seis cíceros a una pulgada y doce pulgadas a un pie.

Fournier desarrolló el resto de sus tipos en base a este sistema de medidas, que aún se utiliza en algunos países de Europa como Holanda, Bélgica o los surgidos de la Unión Soviética.

Sistema Didot

Todavía en el siglo XVIII, François Ambroise Didot propondrá una modificación al modelo de Fournier para adaptarlo al sistema de medida de longitud vigente en Francia.

Mientras que el pie del sistema Fournier equivaldría a 30'24 cm, el pie de rey (unidad de longitud común en ese periodo) lo haría a 32'49 cm.

Aun así, mientras que el sistema de medida definía los submúltiplos del pie de rey con una equivalencia a doce pulgadas, la pulgada a doce líneas y la línea a doce puntos, Didot sigue la propuesta de Fournier. Por lo tanto, la equivalencia de este sistema es de doce puntos igual a un cícero, seis cíceros igual a una pulgada, y doce pulgadas igual a un pie.

Este sistema, igualmente conocido como **Sistema europeo,** se usa en la mayor parte del mundo (en general, en los países no anglosajones): España, Francia, Alemania, Sudamérica, etc.

Sistema anglosajón

Fue Benjamin Franklin quien también en el siglo XVIII establecería este sistema cuya singularidad estriba en que se basa en el pie inglés, equivalente a 30'48 cm.

Más allá de ese matiz, considera el mismo rango de relaciones. A saber: un pie está compuesto por doce pulgadas, cada una de las cuales se divide a su vez en seis picas, y cada pica equivale a doce puntos.

Este sistema se adoptó por fundidores británicos y estadounidenses a finales del siglo XIX y sigue vigente en países anglosajones u otros que estén muy influenciados por su cultura, como México.

Punto tipográfico *postscript* y sistema métrico decimal

En el presente, la incorporación de los ordenadores a la industria editorial ha vinculado los sistemas de medida al autor del *software* que se esté usando. No obstante, en estos programas se ha generalizado la introducción del punto anglosajón depurado o punto *postscript*.

Por otro lado, cada vez es más frecuente poder acceder y determinar estas dimensiones en función del sistema métrico decimal, es decir, en milímetros o centímetros.

Actividades

10. Busque información sobre la relevancia de Fournier, Didot y Franklin respecto al mundo de la tipografía y resuma cuál considera que es el aporte más relevante que alguno de los tres haya hecho dentro de este ámbito.

Aplicación práctica

En la empresa editorial en la que trabaja como coordinador de procesos se ha producido un incidente en el que una prueba de impresión compuesta en el procesador de textos es satisfactoria mientras que la impresión posterior desde el programa de maquetación presenta un aspecto inaceptable debido a los numerosos saltos de línea provocados por un mayor tamaño de la letra. Si usted conoce que el procesador de textos es estadounidense, mientras que el programa de maquetación es alemán, ¿cómo explicaría lo sucedido al nuevo empleado que ha provocado el problema?

SOLUCIÓN

Comenzaría por explicarle el diferente origen de los programas, lo que en este caso, evidentemente, redunda en los sistemas de medidas usados. De forma que, mientras que el procesador de texto usará el sistema anglosajón (un pie igual a 30'48 cm), el programa de maquetación usará el Didot (un pie igual a 32'49 cm).

Por lo tanto, habrá que incorporar este factor de proporción si el programa lo posibilita o, en caso contrario, habrá que considerar dicha relación y modificarla manualmente.

 Recuerde

Sistema Fournier

- 1 pie = 30'24 cm
- 1 punto = 0'350 mm
- 1 pie = 12 pulgadas = 6 cíceros = 12 puntos

Sistema Didot

- 1 pie = 32'49 cm
- 1 punto = 0'376 mm
- 1 pie = 12 pulgadas = 6 cíceros = 12 puntos

Sistema anglosajón

- 1 pie = 30'48 cm
- 1 punto = 0'352 mm
- 1 pie = 12 pulgadas = 6 picas = 12 puntos

4.1. El tipómetro

La disparidad de medidas entre los diferentes sistemas hace que las conversiones entre estos sean raramente frecuentes, por lo que incluso llegan a darse circunstancias en las que los diversos métodos coexisten.

Para facilitar **la relación entre estos sistemas de medidas** surge el tipómetro, que no es más que una plantilla o regla que contiene diversas escalas: puntos europeos o anglosajones, cíceros, picas e incluso según el sistema métrico decimal.

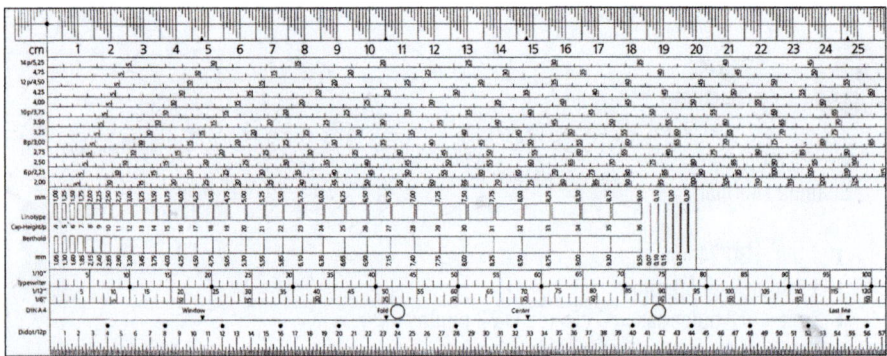

Tipómetro

![?] **Sabía que...**

Aunque los puntos solamente se usaban para medir la altura del tipo, hoy también se usan para medir el espacio entre letras, palabras y líneas. No obstante, no se utiliza para medir el ancho de la línea ni la altura del cuerpo de texto (también llamada profundidad), que en su lugar se mide en picas o en cíceros.

Actualmente, la informatización del trabajo editorial que permite gran facilidad en las modificaciones, así como una mayor precisión (incluso permitiendo la introducción de fracciones de punto) ha terminado por relegar al tipómetro al desuso.

 Definición

Tipometría
Se denomina tipometría al conjunto de procedimientos y técnicas originarias del siglo XVIII que aún hoy se utilizan para dimensionar tanto los caracteres como otros parámetros de la impresión.

5. Originales de texto

Un original es el documento de base que un autor elabora para su edición y reproducción. Esto supone que este texto, que puede tener presentación tanto en audio como escrita, se elabora para ejercer de **punto de partida previo** al inicio del resto de pasos del proceso editorial.

Aunque la obra de un autor debe ser respetada y está amparada por los derechos de propiedad intelectual, es frecuente que del texto original al que finalmente se publica haya algunas, o muchas, variaciones. Estas modificaciones pueden estar ocasionadas por los siguientes motivos:

- Erratas.
- Errores ortográficos.
- Fallos de expresión.
- Incorrecciones semánticas.
- Adaptación al estilo editorial.

En cualquier caso, todas las alteraciones de la obra deben contar con la aprobación del autor, quien, en ocasiones, amparado en su voluntad comunicativa, pretende hacer uso de una expresión confusa, posee un estilo personal invariable o incluso llega a inventar términos que usa con normalidad.

Ejemplo

El escritor portugués José Saramago, Premio Nobel de Literatura de 1998, tiene un estilo personalísimo que difícilmente sería aceptado por una editorial en un nuevo autor. Él desarrolla diálogos sin incorporar elementos indicadores o notas aclaratorias y abusa de las comas en contraposición a la escasez de puntos, hecho que dificulta la lectura y que, según él, se sustenta en un reflejo de la comunicación oral.

5.1. Formas de presentación

El original se puede presentar: manuscrito, mecanografiado, hablado, impreso o digitalizado.

Manuscrito

Son documentos escritos a mano y aunque cada vez son menos comunes, algunos autores, especialmente de literatura, siguen optando por esta opción. A causa de los posibles problemas de entendimiento de la letra o de ocasionales emborronamientos, requieren de un cambio de formato (digitalización) costoso y complicado, por lo que la mayoría de editoriales son reacias a aceptar esta posibilidad.

Ejemplo de fragmento de original manuscrito

Mecanografiado

En este caso, el texto se presenta redactado mediante máquina de escribir. Aunque era el método generalizado algunos años atrás, ha quedado desbancado por los sistemas informáticos. Aunque digitalizarlo no resulta complicado, sí que requiere un tiempo que eleva los costes, por lo que cada vez es menos habitual.

Máquina de escribir

 Sabía que...

Aunque sean pocos, algunos importantes escritores contemporáneos se mantienen fieles a las máquinas de escribir. Es el caso del español Javier Marías, con su Olympus Carrera de Luxe, que da nombre a un artículo suyo publicado en *El País*. Paul Auster también era un acérrimo defensor de la máquina de escribir, son su Olympia SM3, a la que dedicó un libro: *The Story of my Typewriter*.

Hablado

Son textos redactados o, simplemente, hablados que se recogen en una pista de audio analógica o digital y la editorial se encarga de trasladarla a un formato escrito. Esta conversión puede llegar a resultar trabajosa, y siempre supondrá un tiempo que incrementará el coste de la producción, por lo que es poco frecuente su uso salvo en casos puntuales, como en el mundo de la prensa escrita (grabado de conferencias, ruedas de prensa, entrevistas, etc.).

 **Actividades**

11. Para observar las dificultades del trabajo con manuscritos, busque en internet dos textos escritos a mano (de al menos 30 palabras cada uno) y transcríbalos mediante un programa informático. Presente los originales junto con sus textos impresos.
12. Seleccione una canción en castellano que le guste, escúchela las veces que considere necesaria para realizar una transcripción de la misma, incluyendo signos de puntuación y saltos de línea. Seguidamente, busque e internet la letra de dicha canción y comparé las similitudes y diferencias entre su escrito y el que haya encontrado.

Impresos

Son documentos que han sido informatizados, pero de los que no se posee un archivo digital, siendo el texto impreso la única copia disponible. En este también es necesario transferir el documento a un programa de edición de textos o de maquetación.

Digitalizados

Los originales digitalizados se presentan en algún formato propio de un determinado programa informático, al que se puede acceder directamente para copiar o modificar. Normalmente son los preferidos, o incluso los únicos admitidos, por las editoriales. Pueden reflejar un desarrollo más o menos avanzado en relación al nivel de definición que posean:

- **Sin componer:** simplemente el texto introducido en el programa, sin ninguna consideración formal.
- **Parcialmente compuesto:** incorporando al texto algún tratamiento respecto a la forma.
- **Compuesto:** dando a la forma tanta importancia como al contenido mismo.

5.2. Procesado de originales

Todo original requiere de una primera revisión para verificar que cumple los requisitos considerados por la editorial en la que se recoge la información relativa al autor y a la propia obra para evitar extravíos o posibles confusiones. Esto resulta especialmente interesante cuando el original no se presenta digitalizado y hay que almacenarlo mediante un soporte físico. Entonces se puede pasar a procesar el documento trasladándolo al formato en el que la empresa trabaje habitualmente.

 Consejo

Tras la recepción de un original, es recomendable realizar una copia de seguridad del mismo, tanto si se encuentra en un formato digital como si se trata de un soporte físico. De esta forma, siempre se dispondrá de un documento al que recurrir en caso de que el primero se pierda o deteriore.

Especialmente si el texto está manuscrito o hablado, será importante disponer de cierto acceso al autor mientras se transcribe su obra, con el objetivo de poder realizar las consultas oportunas en caso de que durante este procedimiento aparezcan dudas, por lo que poder acceder a él mediante teléfono, internet o, preferiblemente, en persona, será necesario para evitar problemas posteriores.

Aunque en los textos impresos o, incluso, mecanografiados se pueda recurrir a un programa de reconocimiento óptico de caracteres (OCR), será imprescindible revisar el contenido para asegurar la corrección de la transcripción.

Nota

Un programa de reconocimiento óptico de caracteres (OCR), también llamado de reconocimiento de texto, es una aplicación informática que permite la identificación de los caracteres de un documento de forma que se recojan digitalizados para permitir su edición y modificación. Algunos de los programas más utilizados actualmente son *Adobe Acrobat Pro, OmniPage Ultimate* o *Google Drive OCR*.

Por último, los textos ya digitalizados no requieren de este trabajo, salvo que presenten algún tipo de composición y esta necesite ser modificada.

Aplicación práctica

Se presenta a continuación un fragmento de un texto original manuscrito recibido en la editorial en la que trabaja. Desarrolle su transcripción, mencionando las dificultades encontradas durante el proceso y las soluciones que haya tomado al respecto:

> No importaba cuán grande fuese la negra mancha de aceite que inundaba su alma y brotaba por sus ojos. No importaba poco que aquel odio contenido se reflejase en cada caricia, en cada gesto, en cada mirada. No había superficie capaz de ocultar aquel amargo sentimiento que bullía en su corazón, si el que aún lo tenía. Y aunque las sonrisas que algún día le fueron arrebatadas no iban ya a volver ya jamás, él, solo él, las seguía esperando.

Original manuscrito

Continúa en página siguiente >>

<< Viene de página anterior

SOLUCIÓN

Más allá de la posible dificultad a la hora de entender algunas palabras a causa de la letra, se pueden destacar algunos tachones o faltas ortográficas, además existe una errata de repetición de palabras. Por otro lado, hay algún término evidentemente equivocado, "ajos" por "ojos", y una palabra que no se entiende demasiado bien, pero que por el contexto se ha deducido que es "subterfugio". En todo caso, lo ideal sería poder consultar directamente al autor.

Así, el texto resultante será el siguiente: "No importaba cuán grande fuese la negra mancha de aceite que inundaba su alma y brotaba por sus ojos. No importaba que aquel odio contenido se reflejase en cada caricia, en cada gesto, en cada mirada. No había subterfugio capaz de ocultar aquel amargo sentimiento que bullía en su corazón, si es que aún lo tenía. Y aunque las sonrisas que algún día le fueron arrebatadas no iban a volver ya jamás, él, solo él, las seguía esperando".

6. Aspectos a considerar para la selección de tipografías

La evolución de las tipografías tiene que ver con la manera en que las personas, en su contexto sociocultural, perciben las diferentes letras. Por lo que cada carácter, con sus detalles más esenciales, ha sido resultado de una interpretación por parte de su diseñador o creador en relación a su intención funcional.

 Definición

Tipografía
Es una palabra de origen griego, *tipos* (huella) y *grephos* (escribir), que literalmente alude al histórico diseño de moldes para imprimir letras. Actualmente, se relaciona con el arte o técnica de diseñar las grafías.

Así, la forma de cada letra, como parte de una palabra singular, de una frase aislada o de un texto completo, posee una significativa **repercusión sobre la apreciación subjetiva** del individuo que la observa, por lo que entender la manera en que la existencia de algunos rasgos o la definición de algunas partes de la letra influye sobre el lector será una habilidad imprescindible para un tipógrafo y altamente recomendable para un diseñador gráfico, editor o maquetador.

Buena integración de la tipografía

 Nota

En relación a esto, el diseñador Graham Clifford se manifestó afirmando que "La tipografía transmite mensajes 'ocultos'. Los tipos poseen esta habilidad única para gritar, susurrar, persuadir, preguntar o solicitar. La manera como se reúnen las letras para crear palabras puede afectar sustancialmente la forma en que absorbemos el mensaje".

6.1. Sensaciones tipográficas

Por lo tanto, sin pretender socavar la subjetividad del receptor, a continuación se muestran algunos de los conceptos más comunes a los que se asocian las tipografías en relación a su forma:

- Las **letras verticales** comunican aplomo y honestidad, mientras que las inclinadas, dinamismo o cortesía.
- Las **tipografías esbeltas** se asocian a la solemnidad y distinción, y las rechonchas, con la cercanía y confianza.
- Los **tipos compactos** transmiten concisión y precisión. Por otro lado, los extensos, distensión y laxitud.
- Los **caracteres de trazo grueso** reclaman la atención, mientras que los más delgados requieren pausa y detenimiento.
- Las **letras que se apoyan uniformemente sobre la línea de base** resultan serenas y limpias. Por el contrario, aquellas que no lo hacen son informales y aparatosas.

 Actividades

13. Seleccione tres anuncios de una revista y analice la tipografía que contienen. ¿Qué pretende transmitir cada uno de ellos en relación al tipo de letra que presentan? ¿Considera acertada la elección? ¿Por qué?
14. Analice las dos imágenes que se muestran a continuación, y comente los errores tipográficos que detecte en ellas. ¿Cómo podría usted solventarlos?

Continúa en página siguiente >>

<< Viene de página anterior

Errores tipográficos

 Nota

Según publica *The Mique,* un portal especializado en diseño gráfico, los tipos de letra preferidos por los diseñadores gráficos son: *Georgia, Gotham, FF Scala, Futura, Gill Sans, Garamond, Caslon, Accidenz-Grotesk, Alternate Gothic* y *Baskerville.*

Se puede entender entonces, que con el tipo de letra adecuado es posible seducir o sugestionar al lector, transmitir sensaciones y matizar o subrayar el contenido textual. Por esta razón, será importante atender determinadas cuestiones tipográficas:

- Estudiar la clase de receptor al que el documento está enfocado, y cuáles son sus condicionantes (hipotética limitación lectora, posibles ideales, etc.)

- Valorar el confort de la lectura en relación al formato de publicación (no será lo mismo leer una octavilla que un panel publicitario en la autovía).
- Plasmar una cuidada intención estética que redunde en la transmisión visual del mensaje del texto.
- Respetar las dimensiones del cuadro o marco de texto en relación a parámetros compositivos (interlineado, interletraje, etc.).
- Comprobar la apropiada relación de colores y contrastes entre texto y fondo.
- Reducir la variedad tipográfica: el incremento de tipos de letra diferentes dificulta la integración de los mismos en el diseño global, por lo que suele ser aconsejable limitar a un par el número de fuentes.
- Limitar la utilización de tipos *display* o de exhibición a casos puntuales como títulos o portadas.
- Controlar el exceso de variaciones en el formato de texto, puesto que la reiterativa presencia de estos enturbia la lectura y reduce su eficacia.
- Considerar que, normalmente, las tipografías *serif* son las que mejor funcionan para cuerpos de texto impreso, mientras que las *sans serif* suelen ser las más apropiadas para publicaciones en pantalla (webs, televisión, etc.).

Influencia de la tipografía

En definitiva, en la medida en que una conveniente selección de tipografía resulta esencial para que forma y contenido se potencien mutuamente en beneficio de una buena comunicación, una solución inapropiada puede perjudicar enormemente un proyecto.

Recuerde

Antes de decidir las tipografías a usar para un proyecto determinado, es aconsejable reflexionar acerca de:

- ¿Qué se pretende transmitir?
- ¿A quién va dirigido?
- ¿Cuál será el formato de publicación?
- ¿En qué lugar se va a exponer?

Aplicación práctica

Un conocido suyo que dice manejarse con los programas de diseño ha elaborado unos folletos (16x12cm) para promocionar su tienda de deportes y se lo enseña para conocer su opinión. ¿Qué errores tipográficos puede comentarle?

Panfleto

Continúa en página siguiente >>

46

<< Viene de página anterior

SOLUCIÓN (Propuesta)

Para empezar, el folleto carece de ningún tipo de jerarquía, por lo que es complicado entender qué es lo más importante del mismo. Además, el exceso de fuentes y colores dificulta enormemente el entendimiento. Tampoco se han seleccionado las fuentes adecuadas, empezando por el nombre de la tienda, cuya letra no concuerda con el concepto de enérgico y dinámico que parece sugerir el nombre. Hay problemas de legibilidad por el poco contraste entre fondo y texto. Incluso, las marcas deportivas parecen lo principal.

En resumen, aunque pueda defenderse con un programa de diseño, evidentemente no con las tipografías, por lo que le recomendaría que contratase a un profesional.

---

7. Factores a considerar en la composición de textos

Desde que aparece la imprenta moderna, el compositor tipográfico ha cumplido la labor de disponer los tipos en la línea de texto de forma ordenada, atendiendo a su separación y a la división de palabras, con el objetivo de **presentar el texto para facilitar su lectura.**

Es decir, que la composición es el procedimiento mediante el que los tipos son ordenados sobre la línea de texto para conseguir un orden visual que asegure una lectura cómoda y una mejor comprensión.

 Actividades

---

15. A fin de ampliar conocimientos, busque información adicional sobre el método tradicional de composición, y elabore un esquema que resuma las diferentes fases del proceso.

Cuando el párrafo está alineado a la izquierda, derecha o centrado, la anchura de cada línea de texto puede variar, con lo que la separación entre palabras es uniforme y las diferencias se recogen en los extremos, con lo que minimizan los problemas de composición.

No obstante, cuando el texto se presenta justificado, la anchura de la línea debe permanecer constante independientemente de las palabras, letras o espacios que esta contenga.

 Nota

El reputado diseñador tipográfico creador de la fuente *Times,* Stanley Morison, se refería a la tipografía como "el arte de disponer correctamente el material de imprimir, de acuerdo con un propósito específico: el de colocar las letras, repartir el espacio y organizar los tipos con vistas a presentar al lector la máxima ayuda para la comprensión del texto".

Este proceso, que antaño se realizaba manualmente, hoy se resuelve mediante programas informáticos que intervienen sobre algunos de los parámetros que aquí se exponen:

- **División de palabras:** normalmente se puede determinar si se permite, o no, separar palabras mediante guión y salto de línea. De ser así, dependiendo del programa, se podrá actuar sobre alguna de las siguientes particularidades:

  - El número mínimo de letras que debe tener una palabra para que se pueda cortar.
  - El número mínimo de letras a cada lado del guión.
  - La posibilidad de cortar palabras entre saltos de columna o cambios de página.

▪ El número máximo de renglones consecutivos que pueden tener una palabra separada.

▪ El idioma según el cual se rigen las normas de separación de palabras.

■ **Espaciado entre palabras:** permite establecer la dimensión del espacio que separa las palabras (implantado con la "barra espaciadora") para dilatar o contraer la línea.

■ **Espacio entre letras:** cuando se genera un tipo, se define el carácter y el espacio que lo rodea, que influirá en la separación entre letras. Aunque lo común es no modificarlo, se puede alterar esta área para condensar o expandir palabras.

■ **Escala de glifo:** es posible modificar la anchura de la tipografía variando su proporción y, por lo tanto, deformando el carácter. Generalmente no se usa, sin embargo, se puede automatizar este proceso durante en la justificación.

 Nota

Dado que cada lengua tiene diferentes reglas en cuanto a la separación de palabras, si se compone con estas divisiones habrá que determinar el idioma del texto en el programa (algunos permiten definirlo por párrafos completos y otros, incluso, por palabras).

Hoy, en función del *software* que se use, se pueden utilizar dos métodos distintos para la composición del texto:

■ **Línea a línea:** desarrollado a partir del método tradicional, según el cual los caracteres y espacios ocupan una línea hasta que es necesario pasar a la siguiente, siendo entonces cuando se extiende homogéneamente. Es decir, contemplan cada línea de forma independiente y fijan el salto en el que pasar a la siguiente línea y repetir el proceso.

■ **Por párrafos:** proceso en el que, mientras se está redactando funciona como el método anterior, aunque al acabar el párrafo el programa evalúa las diferentes posibilidades y combinaciones de cortes y saltos de línea para aplicar la que incumpla en menor medida las preferencias definidas por el usuario.

Consejo

Se deben evitar los textos justificados en columnas estrechas (de menos de cincuenta caracteres o siete palabras) puesto que presentan problemas como la aparición de espacios demasiado grandes entre palabras o excesivas divisiones de estas.

Dado que la composición pretende facilitar la lectura, es necesario cuidar el uso de formatos de texto que enturbien el resultado. Así que es importante respetar unos interlineados suficientes (normalmente no menos de un 20-30 % de la altura de la tipografía) para evitar componer textos excesivamente densos en los que las letras de las líneas consecutivas casi se superpongan.

Igualmente es preferible evitar subrayados que entorpezcan la lectura, siendo preferible recurrir a las negritas o, como alternativa, cursivas para resaltar parte del texto.

En cuanto a la escritura en mayúsculas, solo es válida para títulos, destacados o usos muy puntuales, puesto que dificulta la lectura. Para un uso prolongado de estas, es preferible usar las versalitas.

Consejo

Es recomendable ser moderado en el uso de recursos para destacar partes del texto, puesto que el abuso de estos conlleva la limitación de su eficacia.

En general, un texto compuesto apropiadamente debe limitar al mínimo el número de palabras cortadas, presentar un interletraje suficiente aunque comedido, asemejar la separación entre palabras todo lo posible y presentar equilibrio visual.

 Actividades

16. En relación a la composición línea a línea y por párrafos. ¿Cuál le parece más ventajosa? ¿Por qué? ¿Qué beneficios o perjuicios encuentra entre una composición informatizada y una manual?

8. Principales problemas relacionados con la maquetación y la selección de tipos

Dado que **el principal objetivo de la maquetación es la comunicación,** ya sea como plasmación visual de una información o como la ordenación de contenidos para tal fin, los problemas de mayor relevancia asociados a esta son los que interfieren o menguan la calidad de la comunicación.

Por lo tanto, parece evidente que una maquetación que no mejore la transmisión de los contenidos, del mensaje, resultará incorrecta.

En relación a esto, es importante considerar la jerarquía de los componentes implicados en la presentación, es decir, la relevancia de los mismos. Reflejar la importancia de estos, interviniendo sobre sus dimensiones, posición, etcétera, resulta imprescindible para producir una buena maquetación. En caso contrario, la dificultad de entender las prioridades comunicativas redundará en una comprensión ambigua y, posiblemente, no del todo correcta.

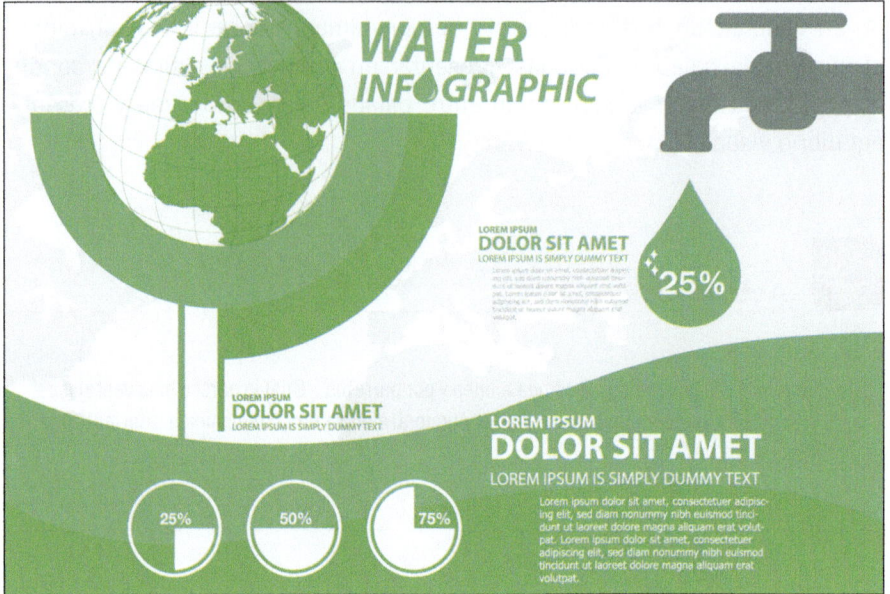

Ejemplo de maquetación bien jerarquizada

Otros factores que intervienen de la maquetación, como el equilibrio o la posición de los elementos, afectarán así mismo a la forma en que el documento se lea o perciba, por lo que su influencia sobre la maquetación podrá igualmente condicionar la calidad del resultado.

 **Importante**

Los componentes gráficos de una composición tienden a concentrar en ellos la atención del lector, por lo que hay que ser cuidadoso con su selección y controlar sus parámetros (dimensiones, colores, etc.) para evitar un protagonismo excesivo.

Especialmente significativos son los problemas asociados a la distribución de los vacíos. Frecuentemente se cae en el error de interpretar los espacios libres de contenido de una publicación como escasez de trabajo. No obstante, la presencia de estos vacíos resulta esencial para el documento, facilitando su entendimiento y evitando una excesiva densificación que comprometa la percepción visual del mismo.

En cuanto a la combinación entre recursos gráficos y textos, hay que cuidar que la presencia de los primeros (más llamativos) no margine a los segundos. Existe además cierta tendencia a superponer total o parcialmente el texto a la imagen. En este sentido, es importante considerar el contraste cromático, con el fin de impedir interferencias que puedan dificultar la lectura o la visualización de los detalles. Así, en ocasiones se opta por incorporar el texto sobre una parte de la imagen en la que no se entorpezcan contenidos (una pared en blanco, la pantalla de un monitor, etc.), o como alternativa se incorpora un leve solape entre ambos elementos para subrayar la correlación.

Coexistencia de texto e imagen

Atendiendo a los textos en sí mismos, se debe advertir que la configuración adecuada de los componentes tipográficos pretende un resultado de eminente funcionalidad: facilitar la lectura y favorecer la comprensión, es decir, mejorar su legibilidad.

 **Definición**

Legibilidad
Es la facilidad con la que un texto puede ser leído de forma cómoda a una velocidad de lectura común.

En este sentido, los factores que afectan a la legibilidad son:

- La elección de tipografías.
- La longitud de líneas.
- Los espacios:

  - Entre letras.
  - Entre palabras.
  - Entre líneas.
  - Entre párrafos.

- Los vacíos compositivos.

La **tipografía elegida** será determinante, puesto que algunas fuentes se leen con facilidad al resultar familiares, mientras que otras, menos comunes y de diseño más creativo, pueden suponer un obstáculo a la lectura. Igualmente, el tamaño de texto adecuado dependerá de la distancia a la que el documento vaya a ser leído.

Considerando la **anchura de líneas o columnas,** mientras que las líneas excesivamente largas resultan cargantes, las cortas pueden molestar y cansar el ojo por el monótono cambio de renglón (para la vista es especialmente complicada la constante búsqueda de punto de continuidad del texto). Es decir, cuanto más ancha sea la línea, mayor será la distancia que tendrá que recorrer el ojo para encontrar el inicio de la siguiente, aunque también hay que considerar que cuanto más estrecho sea el renglón, más aumentará la frecuencia de cambio de línea. Por lo tanto, habrá que encontrar un equilibrio intermedio en la anchura del texto.

Respecto de los vacíos y **separaciones del texto,** históricamente la separación entre letras ha sido mínima porque esta proximidad remarca la unidad del término, aunque hoy exista cierta laxitud en textos puntuales. En cuanto a los espacios entre palabras, su distancia tendrá que ser suficiente como para identificar a golpe de vista los diferentes términos. Esto es así dado que, normalmente, el lector percibe conjuntos de palabras en lugar de vocablos sueltos. Sin embargo, un espacio excesivamente grande producirá una lectura más torpe y lenta. En todo caso, será necesario que haya una diferencia considerable entre la anchura entre palabras y de interletraje.

En relación al **espacio entre líneas,** en caso de ser escaso el ojo tenderá a confundirse verticalmente, provocando saltos de línea, lo que acabará por ralentizar la lectura y dificultar la comprensión. El interlineado tiene que adecuarse a la composición y ayudar a encauzar la visión sobre la línea. En cuanto a la separación entre párrafos, se necesita para regular el ritmo lector, incorporar pausas que den respiro a la vista y separen conceptos. Aunque no requiera tanta sutileza como el resto de espaciados, una dimensión exagerada producirá la desconexión entre párrafos.

El éxito en la selección de estos rasgos dependerá del **tipo de público** al que vaya dirigido (no es igual dirigirse a un receptor técnico especializado que a uno con discapacidad intelectual) y del formato o medio de publicación. En cualquier caso, pese a que estas características puedan definirse aisladamente, es importante mantener una consideración colectiva que repercuta en un acabado sugestivo y armonioso.

 **Ejemplo**

Los niños en fase de aprendizaje lector requieren unas letras de un tamaño considerable y una separación entre líneas bastante mayor al habitual, que facilite la concentración que requiere seguir el renglón.

Actividades

17. Encuentre algún documento impreso cuya maquetación dificulte la comprensión de sus contenidos. Recoja por escrito cuáles son las deficiencias compositivas que usted percibe.
18. Seleccione un texto justificado de un periódico o revista y comente si los parámetros en relación a su legibilidad que se han visto (anchura de las líneas, distancia entre palabras, separación entre párrafos, etc.) son adecuados.

En definitiva, un texto compuesto adecuadamente tiende a percibirse como un grupo de bloques en una sucesión secuencial (los párrafos), compuestos por bandas horizontales de texto (los renglones) claramente intercaladas por discontinuidades puntuales (las separaciones de palabras). Sin embargo, uno mal resuelto se presenta como un conjunto desordenado de manchas inconexas (separaciones excesivas) o, al contrario, como una superficie informe salpicada de vacíos (separaciones insuficientes).

Recuerde

Tanto las decisiones de diseño que intervienen sobre la maquetación como las tipográficas que afectan a la legibilidad deben tener por finalidad mejorar la forma en que se comunica, expone y transmite un mensaje.

Aplicación práctica

Una empresa de viajes le encarga un trabajo para un cartel publicitario. Además, le ofrecen una muestra del que usaron el pasado año (izquierda) como referencia de lo que quieren. No obstante los resultados no fueron demasiado buenos, por lo que desean un nuevo diseño. Comente los errores del cartel antiguo y cree uno nuevo.

Continúa en página siguiente >>

<< Viene de página anterior

Carteles publicitarios

SOLUCIÓN (Propuesta)

El cartel de muestra (izquierda) es triste y monótono, por lo que en ningún caso cumple la función de reclamo deseada. Además, la importancia de la imagen es tan alta que el resto del contenido pasa desapercibido, aunque el poco contraste entre texto y fondo tampoco ayuda a esto. El hecho de que todas las letras sean iguales y que no haya orientación compositiva dificulta la percepción jerárquica que facilita su entendimiento.

Por contra, la alternativa propuesta (derecha) mantiene el concepto original y hasta el mismo texto. Sin embargo, aunque el tamaño de la imagen es mayor, los textos se integran en ella, reclamando su cuota de atención. El contraste entre fuentes y colores permite una clara distinción de conceptos, en donde destacan los datos más relevantes. Incluso la composición diagonal favorece que la lectura termine en el nombre de la empresa de viajes.

9. Arquitectura de la página

Al hablar de la arquitectura de la página se hace referencia a **la forma en que se incorpora la información** en esta considerando la manera en la que será percibida por un posible lector o receptor.

 Definición

Arquitectura de la página
Es el proceso en el que se analiza y define el modo en el que se incluirán contenidos en un soporte de publicación en relación a la intención comunicativa y al orden de lectura que se le quiera transmitir al receptor.

En todo caso, al hablar de página, en este sentido, se hace referencia a cualquiera que sea el soporte físico o virtual en el que se organice dicha información.

Por esto, en función del formato de publicación, será necesario establecer una definición geométrica que articule el espacio y sus relaciones de proporción, con el objetivo de configurar intencionadamente el modo en que se percibirá la página.

En los documentos seriados (libros, revistas, periódicos, etc.) esta descripción formal habitualmente se ajusta a la norma heredada, según la cual se establecen unos márgenes o bordes que delimitan el área en la que se incluirán los contenidos, llamada zona viva. Sin embargo, actualmente, la transgresión de estos límites (con márgenes inexistentes, excesivos o variables) resulta convencional en base a criterios de diseño.

En cuanto a la distribución de elementos en la página, buscará incidir sobre la percepción de los contenidos, la cual, según la teoría más extendida, tiene que ver directamente con la forma en la que se lee. Así, las culturas occidentales que poseen un orden de lectura de izquierda a derecha y de arriba hacia abajo tienden a recorrer visualmente la página diagonalmente desde la esquina superior izquierda a la inferior derecha. Es por esto que los elementos que se sitúen en esta línea destacarán sobre los demás.

 Consejo

Dado que las esquinas superior derecha e inferior izquierda tienden a pasar desapercibidas, disponer en ellas elementos llamativos como titulares, destacados o recursos gráficos es una forma de resaltarlas.

No obstante, existen otras muchas hipótesis que conjeturan diferentes formas de aproximación y tránsito por la página, como la que determina un orden de lectura iniciado en el vértice superior izquierdo siguiendo las agujas del reloj, o la que alude a un recorrido "en z", es decir, desde el ángulo superior izquierdo al derecho para descender oblicuamente hacia el inferior izquierdo y continuar hacia el derecho.

 Nota

Las teorías mencionadas tienen sentido en las culturas cuyo orden de lectura ordinario es de izquierda a derecha y desde arriba hacia abajo. Por lo tanto, no son aplicables a otras culturas como la china, árabe o la japonesa.

De cualquier forma, todas estas teorías aluden a la percepción innata o preferente, por lo que en última instancia será el diseñador o maquetador, con la ordenación de elementos en la página, quien determine la forma en que esta sea percibida.

Actividades

19. Elija una página de un periódico que contenga diversidad de elementos. Recorte cada uno de los componentes y pruebe a realizar composiciones siguiendo las teorías explicadas en este apartado. Registre los resultados mediante fotografía.

10. Tipos de fuentes, instalación y gestión

A la hora de seleccionar la fuente de un texto en un determinado programa informático, es habitual que las posibilidades sean muchas. No obstante, esto no es nada en comparación con la desmesurada cantidad de tipos a los que se puede acceder sin ninguna dificultad con una simple conexión a internet.

Sin embargo, a la hora de decantarse por un tipo u otro, hay que saber que no todas las fuentes tienen el mismo formato, o lo que es igual, no todos los archivos que las contienen poseen la misma extensión.

Así, los tipos de fuente pueden poseer los siguientes formatos:

- **Type 1 o PostScript (T1 o PS1):** formato vectorial desarrollado por Adobe en 1984 que se basaba en el lenguaje PostScript (de ahí su nombre).
- **TrueType (TTF):** respuesta de Apple a finales de la década de 1980 al formato Type 1.
- **OpenType (OTF):** formato definido conjuntamente por Microsoft y Adobe para sustituir el TrueType.
- **Web Open Font Format (WOFF/WOFF2):** formato de fuentes optimizado para su uso en la web. Pueden contener tanto fuentes TrueType como OpenType.

Iconos de los diferentes formatos de fuentes

  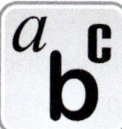

 Nota

El Type 1 o PostScript (T1 o PS1) fue un formato vectorial desarrollado por Adobe en 1084 que se basaba en el lenguaje PostScript (de ahí su nombre), pero actualmente su uso ha disminuido.

Más allá de la extensión, sus especificaciones las hacen diferentes, por lo que cada una de ellas puede resultar más adecuada en un determinado ámbito de trabajo:

- Las **TrueType presentan mayor compatibilidad,** siendo válidas para cualquier sistema de impresión que trabaje con Windows.
- Las **OpenType son similares a las anteriores,** aunque permiten el desarrollo de mayor variedad de caracteres (versalitas, fracciones, etc.).
- Las **Web Open Font** son una opción muy usada para el diseño web y la tipografía en línea.

 Consejo

Cuando se desarrollen proyectos que vayan a ser editados o visualizados mediante un programa determinado en cualquier ordenador, se deben utilizar fuentes propias al sistema, es decir, aquéllas que por defecto están instaladas en el equipo. Con esto se evitarán cambios inesperados si el ordenador en el que se abre el archivo carece de dichas fuentes.

10.1. Instalación de las fuentes tipográficas

En cuanto a la instalación de las fuentes tipográficas, aunque pueda haber pequeñas variaciones en función del sistema operativo o de la versión del mismo que se utilice, alguno o varios de los **procedimientos** que se exponen a continuación serán apropiados:

- Al ejecutar el archivo de la fuente (doble clic), se abrirá una ventana en la que visualizar el tipo en diferentes tamaños. En esta misma ventana aparece un botón de instalación que permite su incorporación a la biblioteca de fuentes.
- Al abrir las opciones del archivo (clic derecho), se muestra una opción de instalar, que las añade al catálogo del sistema.
- Es posible encontrar una opción en la carpeta de fuentes del sistema operativo para instalar tipos mediante una búsqueda.
- Si se copian los archivos tipográficos directamente en la correspondiente carpeta del sistema operativo.

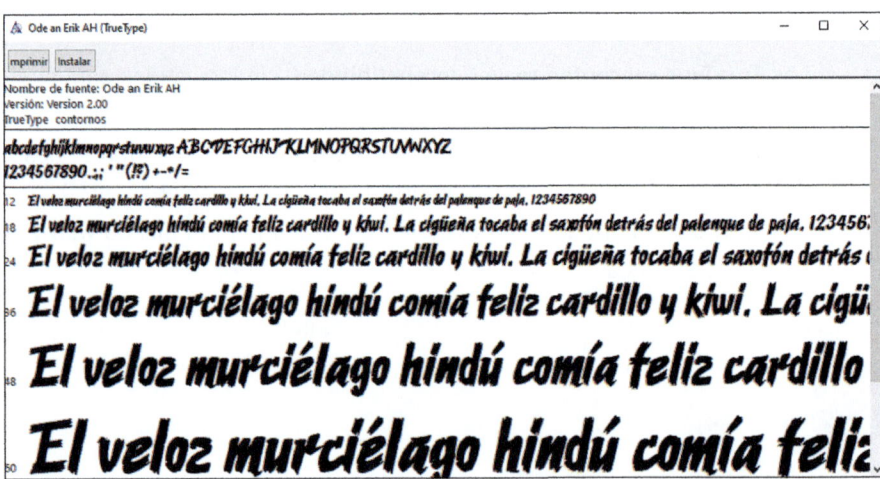

Instalación de fuente

Ejemplo

Para usuarios de Windows, la biblioteca tipográfica estará en /Windows/Fuentes o /Windows/ Fonts, mientras que para los de Mac OS X estará en /Lybrary/Fonts. En Linux, por su parte, se encuentra en /Usr/Share/Fonts.

Actividades

20. Busque información acerca de los *hinting* en relación a las fuentes. Explique qué es y cuál es su utilidad con sus propias palabras.

10.2. Gestión de fuentes

En lo referente a la gestión de las fuentes, es habitual que la búsqueda de un nuevo tipo por parte de un diseñador novel se convierta en un ejercicio de acaparamiento que derive en un "síndrome de Diógenes" tipográfico, en el que se acumulen fuentes de todo tipo que rara vez se llegarán a usar.

Aunque cada diseñador tenga sus propios métodos de trabajo y, por ende, de ordenación de recursos, es importante aprender a cribar, por lo que antes de recurrir a complejas innovaciones, generalmente será preferible utilizar fuentes muy contrastadas profesionalmente para adquirir un conocimiento crítico propio.

En general, es aconsejable establecer ciertas clasificaciones que permitan una búsqueda rápida de una fuente determinada, tanto como una observación superficial para decidir el tipo a usar en un proyecto concreto. Así, se pueden establecer categorías muy elementales (cuerpo de texto impreso, cuerpo de texto digital, titulares, etc.), otras ordenaciones que tengan en cuenta aspectos más específicos (góticas, de caligrafía, manuscritas informales, a máquina, etc.) o incluso algunas que incluyan subdivisiones mucho más concretas (de terror, de marcas comerciales, cinematográficas, etc.).

Ejemplo de fuentes cinematográficas

Consejo

Si no se está dispuesto a pagar por el uso de fuentes con derechos reservados, hay que asegurarse de que las que se vayan a emplear en una publicación sean de uso libre.

Aplicación práctica

Usted está abriendo un pequeño negocio de diseño e impresión de formato reducido (tarjetas, folletos, propaganda, etc.) y acaba de adquirir un equipo informático en el que debe instalar las fuentes que vaya a utilizar. ¿Cómo las obtendría y clasificaría?

SOLUCIÓN (Propuesta)

Lo más sencillo sería recurrir a una búsqueda por internet, en la que hacer una selección variada aunque no excesivamente amplia. En cuanto a la clasificación, en primer lugar distin-

Continúa en página siguiente >>

<< Viene de página anterior

guiría entre las fuentes muy legibles para cuerpos de texto (*Helvetica, Consolas, Garamond,* etc.), las manuscritas para casos puntuales (*Edwardian Script, Old English Text, Comic Sans,* etc.) y las singulares, para nombres, títulos o destacados. Y a su vez, este último grupo lo dividiría en categorías para facilitar la búsqueda (futuristas, divertidas, sofisticadas, etc.).

11. Normas UNE, ISO, libros de estilo

Se trata de unas **sugerencias o criterios** promovidos por diferentes entidades (nacionales o internacionales), o bien por empresas del sector editorial, orientadas hacia un objetivo unificador.

11.1. Normas UNE

Las llamadas Normas UNE (de Una Norma Española) agrupan una serie de normas técnicas en las que participan libremente todas las partes interesadas:

- Centros de investigación.
- Laboratorios y centros de control.
- Productores y fabricantes.
- Asociaciones de consumidores y usuarios.

Estas pautas se evalúan durante algunos meses antes de ser redactadas definitivamente, tras lo cual, son revisadas y actualizadas o modificadas, si es necesario, cada cierto tiempo.

Estos procesos son recogidos por AENOR (la Asociación Española de Normalización y Certificación), una institución independiente y sin ánimo de lucro, vigente desde 1986 y encargada tanto de la elaboración de estas normas como de certificar empresas, productos y servicios.

 **Importante**

Las Normas UNE no son, normalmente, de obligado cumplimiento. Es decir, que salvo que esto se exija legislativamente o en condiciones de contratos determinados, funcionan como recomendaciones.

11.2. Normas iso

En cuanto a las Normas ISO, dependientes del organismo homónimo *International Organizacion for Standarization* (Organización Internacional de Normalización), se trata de un conjunto de normas técnicas internacionales con un funcionamiento similar al de las UNE, incluyendo una intención coordinativa con el objetivo de facilitar la equivalencia de procesos y componentes en diferentes países, y posibilitar el intercambio tecnológico.

Algunas de las Normas ISO que tienen influencia sobre el mundo editorial son:

- ISO 216: sobre las medidas del papel (A0, A1, A2, etc.).
- ISO 3098-1: documentación técnica de productos. Escritura.
- ISO/IEC 3297: acerca del Número Internacional Normalizado de Publicaciones Seriadas (ISSN).
- ISO 6937: en relación al alfabeto latino.
- ISO 12616: requisitos para las publicaciones electrónicas.
- ISO 32000: sobre el formato PDF.

11.3. Libros de estilo

En el mundo editorial se dan los manuales o libros de estilo, que no son más que guías estéticas y lingüísticas cuyo fin es instruir a los redactores o editores de un determinado medio o empresa en unas líneas de trabajo y encauzarlos frente a posibles dudas.

Estos suelen recoger algunos criterios que posibilitan desarrollar una producción editorial correcta, coherente y uniforme:

- Pautas deontológicas que se relacionan con cuestiones asociadas a la línea editorial o razones éticas.
- Pautas lingüísticas incidiendo en la resolución de dudas y errores de tipo ortográfico, gramatical o de redacción.
- Pautas de diseño editorial, vinculadas a la extensión de textos, al uso de recursos gráficos, etcétera.

 Actividades

21. Consiga mediante una búsqueda en internet algún manual o libro de estilo. Después de leerlo (al menos superficialmente) comente por qué lo considera útil o no.

Aunque estos manuales se suelen revisar y actualizar en cuestiones relacionadas con el buen uso de la lengua, las modificaciones estéticas son poco frecuentes y habitualmente están asociados a cambios de imagen del medio editorial.

En definitiva, estos tratados pretenden producir una identidad estilística y una consonancia formal.

 Ejemplo

Algunos libros de estilo recogen contenidos de corrección lingüística como la puntuación o el uso de signos. En otros se ahonda incluso en el uso de determinados tiempos verbales. Sin embargo, en algunos se profundiza más en aspectos de diseño como la elección de imágenes o el uso de espacios en blanco.

12. *Software* de edición y compaginación de textos

El progreso técnico y de producción que ha tenido el mundo editorial en los últimos años tiene su razón en la evolución de la informática y los dispositivos asociados a esta. La popularización del ordenador personal ha facilitado que cualquiera que posea uno, junto con el *software* apropiado y una impresora doméstica, pueda elaborar productos editoriales de una manera casi profesional.

Este cambio tiene su origen a mediados de la década de 1980, cuando coinciden el ordenador personal *Macintosh* (de Apple) y la impresora *LaserWriter* (de Apple) con el programa informático *PageMaker* (de Aldus Corporation).

Impresora LaserWriter de 1987

Este sistema fue denominado **desktop publishing** (también llamado autoedición o, literalmente, publicación de escritorio) en alusión al carácter doméstico de este método de edición e impresión en oposición al espacio que ocupaba una instalación de impresión tradicional.

 Definición

Software de edición
Es el programa desarrollado para la inclusión y ordenación de recursos textuales y gráficos en un mismo plano o página.

Este sobrenombre, que originalmente tenía un sentido publicitario, ha perdurado hasta la actualidad. Así, *desktop publishing* hace referencia al método de trabajo de redacción y edición doméstico que, con un ordenador básico y una impresora, permite tanto su impresión o publicación de manera autónoma (carteles, trabajos escolares, escritos propios, etc.), como su exportación a procesos industriales (autoedición de novelas, folletos de propaganda, posters, etc.).

Igualmente, la compatibilidad de estos sistemas permite que, siguiendo unas pautas laborales y un orden, se pueda colaborar con otro editor a distancia o desarrollar un trabajo en equipo fácilmente.

Esta nueva aplicación incidió sobre la expansión informática, dado que presentó una posibilidad que no pasaría desapercibida para los sectores profesionales editoriales (con aplicaciones de preimpresión) o para la industria de la imprenta.

No transcurrió demasiado tiempo hasta que estos avances comenzaron a tener repercusión sobre el usuario común, de manera que la aparición de sistemas similares al de Apple en otras plataformas (Amiga, Commodore, Amstrad, etc.) junto con otros muchos *software* de edición o maquetación (*Home Publisher, Ventura Publisher, Publising Partner, Newsroom,* etc.) terminaron por difundir estas herramientas.

 Recuerde

La utilización de programas de edición o compaginación permite que los mismos diseños o composiciones desarrollados en el ordenador doméstico puedan ser impresos por el propio usuario tanto como ser trasladados a servicios profesionales para conseguir una impresión industrial.

Aunque, inicialmente estas herramientas eran bastante elementales, care-ciendo de posibilidad de modificar la tipografía o el interlineado, y llegaban a presentar variaciones entre la presentación en pantalla y el resultado impreso, su desarrollo constante y progresivo consiguió producir trabajos aceptables, e incluso reconocidos, en pocos años.

La común implantación de equipos informáticos en el hogar medio y el uso extendido de determinados programas (procesadores de texto), ha dotado al usuario de a pie de cierta intuición hacia este tipo de *software*. Esto ha su-puesto que el control básico de dichas utilidades pierda relevancia en favor de otras habilidades relacionadas a estas, como la programación, las bellas artes o el diseño gráfico.

En la actualidad, los programas de edición y compaginación más común-mente utilizados son *Adobe InDesign, QuarkXPress, Microsoft Publisher, CorelDRAW o Scribus* (de *software* libre), siendo todos ellos, cada uno con sus particularidades, apropiados para realizar buenas composiciones.

Más allá de esto, tanto algunas editoriales como empresas periodísticas recurren al uso de plataformas de edición. Es decir, un entorno que sirve como soporte y medio de relación a diferentes programas específicos de cada uno de los aspectos de la edición. Las más usadas son *Xalok, Arc XP, GfK DAM* o incluso *Wordpress.*

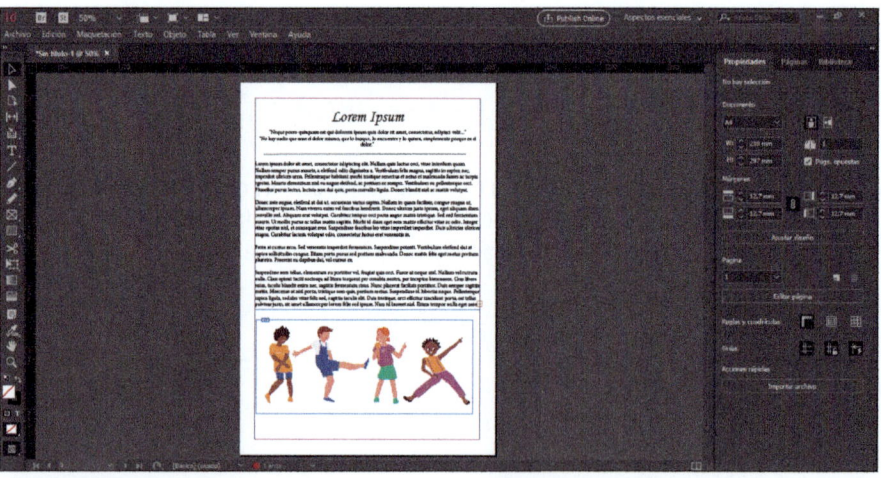

Ejemplo del entorno de trabajo de Adobe Indesign

Pese a que, en su origen, este sistema tenía la impresión del documento por objetivo último, la vigencia de los medios digitales ha modificado este hecho. Por lo tanto, es común que algunos de los proyectos desarrollados con estos programas estén previstos desde el principio para su proyección o visualización en pantallas.

En todo caso, aunque su principal utilidad sea la aplicación al diseño editorial tradicional (impresión de periódicos, revistas o libros), estas herramientas puedan llegar a tener otras aplicaciones en campos similares, como el *packaging,* la publicidad o el diseño industrial.

 Actividades

22. Realice un ejercicio crítico y reflexione acerca de las ventajas e inconvenientes que tiene el proceso de edición doméstica, o *amateur,* en comparación a la intervención de un profesional. Recoja su opinión por escrito.

13. Resumen

El desarrollo de un producto editorial es un proceso complejo en el que existen diferentes facetas y en el que pueden llegar a participar múltiples agentes implicados.

En general, el material textual suele tener un peso considerable, puesto que la gran mayoría de libros u otras publicaciones, como periódicos o revistas, suelen contener una parte importante de escritos.

De ahí deriva la relevancia que un buen trabajo de composición textual tenga sobre el total de la obra. Así, conocer los aspectos relativos a la anatomía del tipo o las dimensiones y geometría del texto posibilitará considerar su repercusión sobre la lectura. Igualmente, la elección de una determinada fuente incidirá en la percepción del texto, por lo que la pericia en estos campos permitirá la toma de decisiones intencionadas que refuercen la claridad y eficacia de la comunicación en lugar de lastrarla.

En todo caso, tanto el manejo de las herramientas apropiadas, como el conocimiento de los principios de la composición de textos y los procedimientos característicos del medio editorial resultarán esenciales a la hora de producir resultados de calidad.

Ejercicios de repaso y autoevaluación

1. **Relacione cada rasgo con la letra que lo posea:**

   a. Tarabita.
   b. Ojo.
   c. Ápice.

   __ La letra "w".
   __ La letra "G".
   __ La letra "e".

2. **¿Qué es una familia tipográfica?**

   _____
   _____
   _____
   _____

3. **Señale si las siguientes afirmaciones son verdaderas o falsas.**

   a. El tipo de letra adecuado dependerá de la clase de receptor al que vaya dirigido el documento.

   ☐ Verdadero
   ☐ Falso

   b. El texto en formato negrita sirve para añadir connotaciones implícitas.

   ☐ Verdadero
   ☐ Falso

   c. El cuerpo tradicionalmente no aludía a la altura de la letra misma, sino a la del tipo que la contenía.

   ☐ Verdadero
   ☐ Falso

4. ¿Qué sirve para relacionar diferentes escalas tipográficas?

    a. La nomparela.
    b. El tipómetro.
    c. El punto tipográfico.

5. ¿Para qué sirve el sistema de medidas tipométrico?

_____
_____
_____
_____

6. El Sistema Didot...

    a. ... es anterior al Fournier.
    b. ... lo inventó Pierre Simon Fournier.
    c. ... es posterior al Fournier.
    d. Todas las opciones son incorrectas.

7. Relacione cada tipo de letra con el uso para el que sea más adecuado.

    a. Script
    b. Serif
    c. Display
    d. San Serif

    __ Lectura en pantalla
    __ Destacados
    __ Simular escritura a mano
    __ Lectura impresa

8. Señale si las siguientes afirmaciones son verdaderas o falsas.

    a. El uso de mayúsculas mejora la legibilidad del texto.

        ☐ Verdadero
        ☐ Falso

b. El ojo medio equivale a la altura de las minúsculas.

☐ Verdadero
☐ Falso

c. El formato más cómodo de recibir originales para una editorial es el impreso.

☐ Verdadero
☐ Falso

9. ¿Cuál de los siguientes aspectos no afecta a la legibilidad del texto?

a. Los vacíos compositivos.
b. El tamaño de los márgenes.
c. La longitud de las líneas.
d. El espacio entre líneas.

10. Defina la tipografía.

_____
_____
_____
_____

11. Complete el siguiente texto.

Un _____ es el documento de base que un autor elabora para su edición y reproducción. Esto supone que este texto, que puede tener presentación tanto en _____ como _____, se elabora para ejercer de _____ __ _____ previo al inicio del resto de pasos del _____ _____ .

12. Mediante un *software* de compaginación no es posible...

a. ... imprimir documentos en una impresora doméstica.
b. ... imprimir documentos en una imprenta industrial.
c. ... publicar documentos digitales.
d. Todas las opciones son incorrectas.

13. ¿Cuándo es aconsejable el uso de las versalitas?

_____

_____

_____

_____

14. Indique cuáles de los siguientes motivos suelen conllevar modificaciones de un original:

    a. Fallos de expresión.
    b. Uso de palabras malsonantes.
    c. Errores ortográficos.
    d. Erratas.
    e. Uso de lenguaje complejo.
    f. Adaptación al estilo editorial.
    g. Incorrección semántica.
    h. Uso de marcas comerciales.

15. ¿Sobre qué parámetros pueden intervenir los programas informáticos que resuelven la composición del texto?

_____

_____

_____

_____

Capítulo 2
El formato del producto gráfico

Contenido

1. Introducción
2. Los diferentes tipos de formatos gráficos
3. Peculiaridades y condicionantes de los distintos tipos de formatos
4. Herramientas de composición de textos en productos gráficos
5. Aplicación tipográfica en formatos estándar (din-a)
6. Aplicación tipográfica en otros formatos
7. Introducción a las hojas de estilo en cascada CSS
8. Resumen

1. Introducción

Se conoce por producto gráfico a aquel documento editorial caracterizado por una presencia eminente y predominante de componentes visuales, aunque no por ello deba carecer absolutamente de elementos textuales importantes.

En cuanto a los posibles recursos gráficos presentes en estos productos, es posible encontrar fotografías, ilustraciones, logotipos, etcétera, cada uno de los cuales presentará unas características propias bien diferenciadas que los harán más adecuados para una u otra función.

Así mismo, la informatización de las fases de diseño y composición de estos productos ha supuesto la participación de numerosas herramientas, que poseen diversas utilidades y trabajan con determinados formatos de archivo. Esto puede llegar a suponer algunas condiciones de incompatibilidad, lo que acarrea ciertas problemáticas que requieren de una metodología determinada para ser evitadas o solventadas.

De cualquier forma, todos estos procesos tienen por fin último desarrollar productos resultantes que se adecuen a cualquiera que sea el formato requerido y a los aspectos asociados a la cualidad estética y funcionalidad del mismo.

2. Los diferentes tipos de formatos gráficos

Un elemento gráfico es uno de los posibles y más habituales componentes, junto con los objetos textuales, presentes en los productos editoriales.

Aunque no siempre tenga que formar parte una publicación (muchas novelas o ensayos carecen de estos recursos salvo en las tapas o en la portada, y a veces ni siquiera en estas), es frecuente que sea así, llegando a representar una parte **tan importante como el texto,** o incluso más en determinados casos (libros de diseño, revistas, publicaciones infantiles, etc.), en cierto tipo de productos, siendo los más comunes:

- Periódicos
- Revistas

- Cómics o novelas gráficas
- Carteles
- Libros ilustrados
- Cajas y envoltorios
- Panfletos publicitarios
- Páginas web

Importancia del elemento gráfico en la maquetación

 Definición

Elemento gráfico

Un elemento gráfico es un documento que presenta y transmite información de un modo visual.

Actividades

1. Localice cuatro ejemplos de diferentes clases de productos editoriales en los destaque la importancia del elemento gráfico. ¿Qué ocurriría si en cada uno de ellos desapareciesen las imágenes?

2.1. El recurso gráfico en el documento

Por lo general, el recurso gráfico tiene una **capacidad para acaparar la atención** muy por encima del textual, por lo que su presencia en un documento tenderá a concentrar las miradas. En este sentido, en la coexistencia de textos e imágenes, el maquetador tendrá que trabajar para evitar que los elementos gráficos eclipsen al resto de contenidos. Igualmente, la correcta introducción de estos permitirá destacar zonas del documento o dirigir la visualización o el orden de lectura del mismo.

De esta manera, el diseñador **podrá resaltar o conectar determinados aspectos** considerando los siguientes parámetros de la imagen:

- **Ubicación:** la posición de los elementos condicionará la forma en que estos se perciban. Dado que esto dependerá del orden de lectura, se presentan aquí las convenciones habituales para las culturas occidentales, es decir, aquellas en las que su lectura es de izquierda a derecha y desde arriba hacia abajo. En tanto los que se sitúan en la zona inferior de la composición parecen más pesados, los de la superior son más livianos. Igualmente, la parte izquierda refiere estatismo y, por contra, la parte derecha movimiento o avance. Además, aunque los elementos dispuestos en el centro del plano de trabajo destacan sobre el resto, las relaciones geométricas pueden provocar sensaciones de espacialidad que rebajen o resalten al objeto.
- **Contraste:** aunque se tiende a pensar que es el color lo que hace que destaque una imagen, el responsable en realidad es el contraste, es decir, la divergencia del color. Esto es, a mayor diferencia de intensidad

que haya en un mismo tono, mayor contraste habrá (resalta más el blanco sobre el negro que sobre el gris, claro); y lo mismo sucederá en tanto mayor discrepancia haya entre colores (destaca más el morado sobre el amarillo que sobre el azul). La conjunción de estos aspectos posibilita resultados más remarcados o tenues.

- **Contenido:** tanto el contenido de una imagen en sí como el contexto en el que se encuentre puede llegar a provocar la focalización de la atención en esta. Así, generalmente los recursos gráficos de gran belleza o fealdad, o aquellos con carga sexual o violencia suelen despertar la curiosidad, la fascinación o el morbo. Sin embargo, en cuanto al contexto, resultará más llamativo una escena sangrienta explícita en una publicación de moda que en la sección de sucesos de un periódico.

- **Tamaño:** representa las dimensiones absolutas del elemento respecto al espectador, lo que tiene su incidencia en relación al modo en que el documento se percibe como un todo. Así, los objetos reducidos requerirán cierta aproximación para percibir el detalle, en tanto los de mayor tamaño necesitarán perspectiva para ser apreciados correctamente.

- **Proporción:** supone la relación de tamaño entre cada componente, el resto de los presentes en el proyecto y las dimensiones del documento en sí mismo. Esto afectará a la importancia o gravedad con que se valore a cada elemento. Aunque suela haber cierta mesura en el contraste de tamaños de los distintos elementos, el uso de desproporciones es un recurso muy usado para captar la atención sobre el objeto sobredimensionado.

 Ejemplo

Mientras que una fotografía en tonos claros situada al fondo del diseño se pierde bajo un texto de gran tamaño en color negro, una ilustración en la parte superior que abarque casi la totalidad de una página anulará en gran medida a un texto que pueda ocupar el resto inferior de la misma.

Pese a que la maquetación ha tendido tradicionalmente a disociar absolutamente texto e imagen, es decir, cuando coexistían en un mismo diseño, se disponían juntos aunque bien diferenciados, las composiciones actuales han suprimido estos límites, siendo habitual encontrar superposiciones totales o parciales.

Ejemplo de coexistencia de textos e imágenes

Actividades

2. Busque un caso de maquetación en el que los recursos gráficos no sean apropiados y otro en el que considere que sí son acertados. Argumente su respuesta.

Los recursos gráficos suponen un medio con el que llegar a introducir una buena cantidad de información asimilable inmediatamente mediante un golpe de vista. Pese a que ocasionalmente pueda representar el objeto principal de un diseño, el elemento gráfico suele tener funciones complementarias. Así, mediante la imagen es posible:

- Ilustrar contenidos.
- Aclarar conceptos.
- Matizar detalles.
- Completar informaciones.
- Condicionar al receptor.
- Seducir al potencial lector.

 Nota

En relación a la capacidad que tienen las imágenes para sintetizar información, la cultura popular ya nos advierte de dicha facultad potencial a través del conocido dicho: "Una imagen vale más que mil palabras".

2.2. Formatos gráficos

Por otro lado, los elementos gráficos pueden diferenciarse en función de su origen y naturaleza, o lo que es lo mismo, de cómo han sido producidos y qué características presentan. Así, aunque en ocasiones pueda haber cierto grado de conjunción y los límites puedan llegar a desvanecerse, se pueden clasificar en:

- **Fotografía:** captura una escena o imagen mediante el enfoque de una cámara.
- **Dibujo:** es una representación conceptual o sintética de la realidad.
- **Ilustración:** desarrollo más profundo y complicado que el dibujo, en el que el grado de síntesis es menor.
- **Símbolo, signo o logotipo:** representación de imágenes que se asocian a un significado universalmente reconocible.
- **Infografía:** elaboración gráfica que resume información compleja o abundante en una imagen.

En todo caso, pese a que el uso de una u otra variedad de los elementos gráficos suela estar asociado al tipo de publicación (por ejemplo, fotografías en revistas, dibujos en cuentos infantiles o ilustraciones en libros especializados), en general, el tipo de imagen a usar vendrá determinada por la editorial o el maquetador.

Recuerde

La selección de recursos gráficos deberá considerar la intención comunicativa del documento en sí mismo (y del texto sí es que lo hay) y asumir su función (ilustrar, aclarar, matizar, completar, condicionar o seducir) en relación al tipo de público al que vaya dirigido y del carácter del producto editorial del que forme parte.

3. Peculiaridades y condicionantes de los distintos tipos de formatos

Cada uno de los diferentes tipos de formatos de productos gráficos posee unas **singularidades y especificaciones** asociadas tanto a sus funciones comunicativas como a aspectos técnicos (modo de producción, definición para su reproducción, etc.) que los hace más apropiados para determinadas aplicaciones. Así pues, se presentarán a continuación las características propias de estos formatos con el fin de conocer sus particularidades y usos más habituales:

3.1. Fotografía

La fotografía es la **técnica o arte de captar fragmentos e instantes de la realidad** mediante un instrumento específico (cámara de fotos) que plasma esas capturas de paisajes o escenas tridimensionales en imágenes bidimensionales sobre superficies planas.

Ejemplo de fotografía sin retoque

Aunque el sistema tradicional implicaba la impresión de estas imágenes en un papel especial mediante procesos químicos, lo que era conocido como revelado, la aparición y difusión de las cámaras digitales ha permitido que la captura se transmita directamente a un archivo informático, que puede ser almacenado, manipulado o impreso.

Sabía que...

Las cámaras tradicionales o analógicas funcionaban con carretes como dispositivos para el almacenaje de las fotografías, que eran guardadas como negativos (capturas invertidas de la realidad). Estos carretes podían contener capacidad para 12, 24 o 36 imágenes y su revelado necesitaba de condiciones especiales para que no se dañasen. Esta impresión, salvo profesionales, solía realizarse en tiendas especializadas y podía demorarse de uno a dos días, nada que ver con la inmediatez de las cámaras actuales, que incluso están incorporadas en cualquier teléfono móvil.

La informatización de la fotografía ha traído consigo un fenómeno paralelo: **el retoque digital.** Esto es, la modificación de algunos parámetros o partes de la fotografía. La utilidad de este procedimiento abarca un amplio abanico de posibilidades:

- La modificación de valores técnicos como la luminosidad o el contraste de una imagen con el objetivo de mejorar su resolución o hacerla visualmente más atractiva.
- La supresión de elementos no deseados por cuestiones estéticas.
- La alteración o transformación de parte de los componentes de una fotografía para conseguir un resultado deseado.
- La incorporación de objetos o fragmentos de otras fotografías para realizar composiciones intencionadas que parezcan no retocadas.
- La constitución de *collages* o trampantojos mediante la introducción de partes de diversas imágenes que provoquen la ilusión o el engaño en el receptor.

Ejemplo de fotografía con retoques técnicos

Ejemplo de trampantojo fotográfico

En todo caso, existe cierto debate en torno a la idoneidad o aprobación ética de estas variaciones, puesto que existe una delgada línea entre las correcciones necesarias para reforzar los valores comunicativos de una imagen y la manipulación desproporcionada de una fotografía que muestre resultados imposibles e incoherentes o incluso que termine por desvirtuar el valor de la captura en sí.

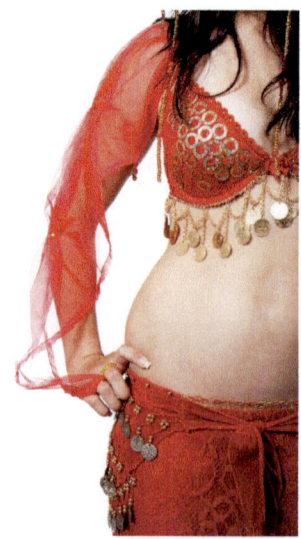

Fallo en la manipulación fotográfica

Actividades

3. La imagen que se muestra a continuación pertenece a la composición del poster promocional de la película King Arthur y levantó mucha polémica en relación a la alteración en las proporciones de la cabeza de la actriz y el aumento de tamaño de sus pechos. ¿Qué opina al respecto? ¿Cree que los cambios pueden ayudar en la promoción? ¿Lo considera ético?

Ejemplo de fotografía con retoque y sin ellos

Aplicación práctica

Trabaja en el departamento de imagen de una compañía de productos alimenticios y le encargan revisar la maqueta de una caja de cereales propuesta por la empresa de diseño contratada. ¿La considera apropiada o piensa que necesita alguna modificación?

Continúa en página siguiente >>

<< Viene de página anterior

Fotografía mal retocada

SOLUCIÓN

La imagen correspondiente a la modelo presenta varios errores de bulto respecto al retoque fotográfico, que desaconsejan su comercialización sin haberlos subsanado.

En primer lugar, tanto la cara y los brazos como las piernas de la chica de la caja pertenecen a una modelo de piel morena, mientras que el abdomen que aparece entre la camiseta y los pantalones posee un tono de piel mucho más claro.

Esta circunstancia transmite cierta imagen de artificialidad o falsedad, valores poco aconsejables para asociar a una marca alimenticia de consumo familiar como la de estos cereales.

Por último, si la intención de quien elaboró la imagen era representar una segunda camiseta interior (lo que justificaría la discrepancia de color y la inexistencia de ombligo) es preferible recurrir a colores que no den pie a confusión.

 Consejo

Aunque el retoque digital de fotografía mediante programas informáticos es una herramienta extremadamente útil, su uso desproporcionado puede llegar a producir resultados indeseados y hasta ridículos, por lo que es preferible realizar modificaciones puntuales y sutiles salvo que se tengan ciertos conocimientos sobre la utilización de estos instrumentos.

3.2. Dibujo

Se denomina dibujo a la técnica de expresión gráfica, frecuentemente lineal, con la que es posible condensar y **plasmar en una imagen la abstracción de un concepto,** idea o información, a partir de una simplificación de la realidad.

Dibujo a línea

En este sentido, el dibujo tiene tanto de capacidad visual y de atención como de destreza manual o dotes artísticas, puesto que el dibujante tiende a plasmar conceptos aprendidos con predominancia sobre lo que observa. Es decir, que el recuerdo formado en la memoria prevalece sobre la realidad, siendo así como se establecen los **conceptos identificables por otros.** Esto es lo que posibilita la comunicación mediante el dibujo, aspecto fundamental tanto para el desempeño del dibujante como para el uso de estos recursos en la composición de productos editoriales. Por todo ello, se puede afirmar que el dibujo es un lenguaje universal, es decir, que independientemente del idioma o de otras cuestiones socioculturales que diferencien a emisor y receptor, posibilita la transmisión de mensajes o ideas entre personas.

En cualquier caso, un dibujo puede presentar un grado de complejidad o sencillez tan marcado como se desee, y no tendrá por qué influir necesariamente en la calidad de comunicación. Es más, algunos dibujos extremadamente básicos cumplen perfectamente su objetivo. A estas representaciones más elementales se les suele llamar **bocetos** o **esbozos,** y suelen aparentar un aspecto inacabado o temporal.

Dibujo esbozado

Sabía que...

Cuando se le pide a alguien que dibuje un árbol, la gran mayoría de la gente suele hacer uno de tronco corto y copa en forma de nube. Igualmente, al dibujar una casa, se tiende a representar una con el tejado rojo a dos aguas y chimenea como arquetipo. Incluso más llamativo resulta que al pedir que se dibuje una mesa se tiende a dibujar una rectangular con cuatro patas, sin importar si el dibujante se apoya sobre una redonda, ovalada o con un número de patas diferente.

Hasta hace poco tiempo, el dibujo se ha llevado a cabo mediante útiles sencillos y tradicionales como carboncillos, tizas, lápices, plumas, bolígrafos u otros instrumentos de escritura, sin embargo, cada vez es más común que estas representaciones se realicen directamente mediante el uso de ordenadores y dispositivos periféricos, como tabletas gráficas.

Nota

Una tableta gráfica es un dispositivo que se utiliza para dibujar en diseño gráfico e ilustración. Es una superficie plana sobre la que se dibuja con un lápiz óptico y cuyos movimientos se transmiten directamente a un ordenador.

Actividades

4. Escoja una noticia aparecida en el periódico de hoy y encuentre tres dibujos o bocetos que pudiesen formar parte de los elementos gráficos que la acompañasen.

3.3. Ilustración

La RAE (Real Academia Española) define **ilustración** como la "estampa, grabado o dibujo que adorna o documenta un libro" o como la "acción y efecto de ilustrar", es decir, de "aclarar un punto o materia con palabras imágenes o de otro modo". Este matiz ahonda en el carácter de complemento esclarecedor que puede tener la ilustración, cuya función puede recaer en la explicación subordinada a un texto.

Sin embargo, la ilustración es más que eso puesto que puede poseer la suficiente entidad como para **representar un mensaje complejo** en un lugar principal de una composición, en lugar de uno secundario.

Ejemplo de ilustración vectorial

 Definición

Ilustración
Una ilustración es el resultado gráfico complejo de un proceso artístico plástico que contiene un mensaje implícito propio.

Los procedimientos usados para crear ilustraciones son más heterogéneos y variados que para hacer dibujos. Así, los métodos tradicionales abarcan toda clase de disciplinas artísticas, como la pintura con oleos o acuarelas, las litografías, las serigrafías, los grabados, etc. En la actualidad, la corriente predominante apunta hacia la vertiente del diseño por ordenador, en la que algunos de los programas informáticos más utilizados son: *Adobe Illustrator, Adobe Photoshop, CorelDRAW, Gimp* (de *software* libre), *Inkscape* o *Procreate*.

El diseño de ilustraciones tiende hoy a desdibujar los límites entre fotografía y dibujo, gracias al trabajo digital, que permite la mezcla, superposición e imbricación de elementos reales y ficticios.

Ejemplo de ilustración combinando dibujo y fotografía

 **Actividades**

5. Busque una ilustración que pudiese ser adecuada para la portada de un libro infantil. A continuación, idee un nombre que pudiese servir para dicha publicación y fuese coherente con la ilustración que haya seleccionado.

3.4. Símbolo, signo o logotipo

Estos elementos **poseen un significado propio perfectamente reconocible** e interpretable, salvo contadas excepciones, independientemente del contexto sociocultural del receptor. No obstante, más allá de esta similitud, presentan algunos matices que permiten diferenciarlos y clasificarlos, como se muestra a continuación.

Símbolos

También llamados **iconos,** son elementos gráficos sencillos (de fácil reproducción y lectura) que representan un hecho o concepto determinado.

Iconos

Signos

Son objetos de diseño esencial que, en lugar de expresar un concepto particular, denotan un tipo de relación entre otros componentes.

 Ejemplo

Algunos de los signos más comunes son las flechas (para indicar dirección o consecuencia), la "v" o "x" (que representan aprobación o reprobación), los lingüísticos como la exclamación (para denotar sorpresa) o la interrogación (para mostrar extrañeza), o los matemáticos igual, suma, etc., (para señalar equivalencia, adición, etc.).

Logotipos

Son productos gráficos similares a los símbolos o iconos, con la salvedad de que no comunican un concepto genérico, sino que se asocian a una determinada marca comercial, imagen empresarial o identidad corporativa.

Ejemplo de logotipos

 **Nota**

Es frecuente que los logotipos tengan en cuenta las condiciones expresivas del color o las sensaciones cromáticas. Así, a modo de ejemplo, las marcas que quieren transmitir intensidad recurren al rojo (Nintendo o Coca-cola), las que pretenden expresar honestidad optan por el azul (Facebook o Intel) y los quieren mostrar sencillez recurren al blanco (Apple o Wikipedia). Igualmente se usa el color como generador de identidad en sectores de negocio (Telefonía: Movistar-azul, Vodafone-rojo, etc.).

3.5. Infografía

En cuanto a la infografía, es el **recurso gráfico compuesto a partir de otros elementos** con el objetivo específico de sintetizar en una imagen compleja un desarrollo conceptual extenso o una información pormenorizada. En este sentido, la infografía puede constar de cualquiera de las variedades de material gráfico anteriormente expuesto (fotografías, dibujos, ilustraciones o signos), como de componentes textuales o técnicos que justifiquen o complementen la información:

- Titular o enunciado.
- Pequeños desarrollos textuales.
- Notas aclaratorias.
- Citas.
- Gráficas estadísticas.
- Tablas de datos.

La finalidad última de la infografía es transmitir ideas o conceptos de una manera rápida y eficaz, permitiendo una comprensión superficial del mensaje global de la composición con un vistazo, tras el que poder profundizar posteriormente en el resto de informaciones contenidas.

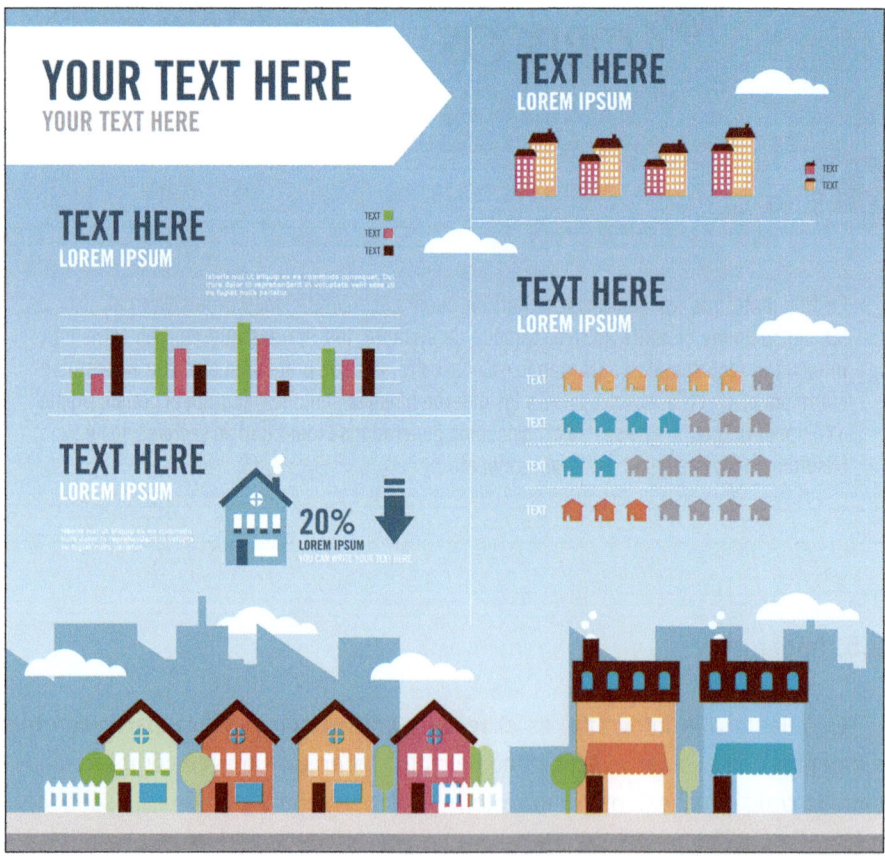

Ejemplo de infografía

Importante

Una infografía bien resuelta posibilita entender la información que presenta con un golpe de vista, permitiendo acceder a otros aspectos y detalles contenidos a medida que se profundiza en su observación, lectura y análisis.

Recuerde

La principal característica de la infografía y lo que la diferencia de una simple ilustración es la intención de resumir y comunicar una información mediante sus componentes gráficos y textuales.

Actividades

6. Piense en algún tema que le interese y describa qué tipo de componentes gráficos y textuales serían necesarios para realizar una infografía sencilla acerca del mismo.

Aplicación práctica

El grupo de diseño que coordina le expone la siguiente infografía, que será presentada para la propuesta de un espectáculo itinerante por la ciudad con un títere gigante. Justifique si considera que merece su visto bueno o si, por el contrario, requiere cambios.

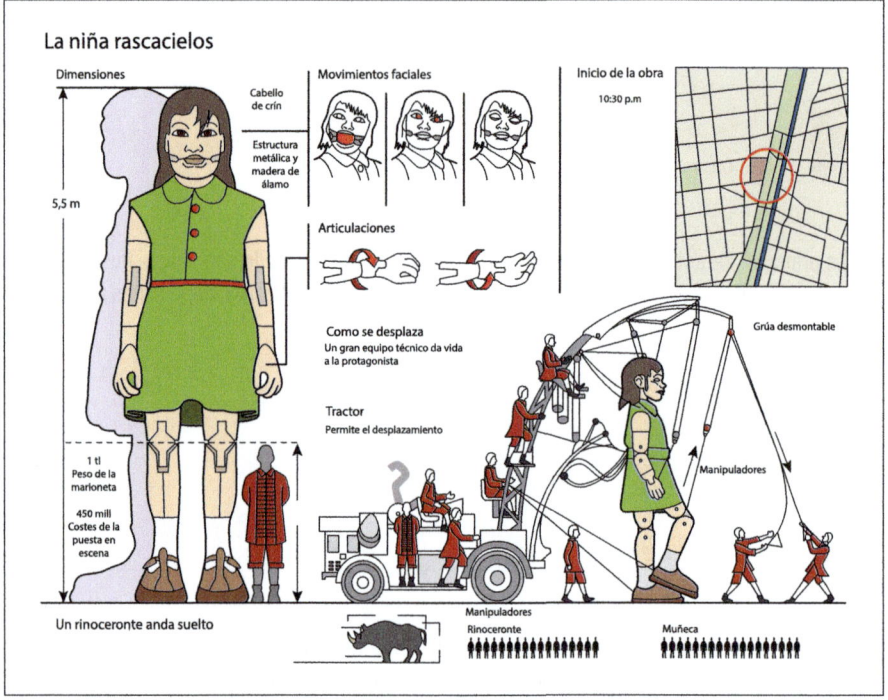

Infografía de la propuesta

SOLUCIÓN (Propuesta)

La imagen presenta una información nítida y una jerarquía reconocible, tanto por la relevancia de los textos como por las dimensiones de las ilustraciones. Así se identifica el título que se asocia inmediatamente al diseño del títere, seguidamente se aprecian las condiciones de movilidad de la marioneta y por último otros aspectos como el recorrido o los operarios necesarios para su manipulación. En definitiva, el documento recoge los datos necesarios y los expone claramente, por lo que sería apta para ser presentada.

4. Herramientas de composición de textos en productos gráficos

Sabiendo que la composición es **la forma en la que se configura la presentación del texto** para su impresión, existen numerosos programas que participan en el desempeño de esta labor.

 Definición

Composición de textos
Es la práctica que organiza y distribuye los diferentes agentes del texto (letras, palabras, renglones y párrafos) y los espacios entre estos para facilitar la lectura y comprensión del texto.

Las utilidades más elementales son los editores de texto, es decir, aquellas que básicamente permiten la escritura o inserción de texto, como el *Notepad* de Microsoft (Bloc de notas, en castellano) o las alternativas *Editra* o *Text-Wrangler,* y que pueden ser leídas por otras herramientas o transferidas a otras aplicaciones más completas.

Con una mayor variedad de posibilidades se encuentran los diferentes programas procesadores de texto. Estos permiten, además de la redacción o importación de texto, su modificación de formato, composición, presentación, etc., además de incorporar otras muchas funciones y permitir la introducción de componentes gráficos. No obstante, aunque sea posible producir diseños o maquetaciones mediante el uso de estos *software,* los resultados suelen ser rudimentarios e insuficientes para el uso profesional, dado que no están concebidos para esto.

Entre los principales procesadores de texto destacan *Microsoft Word, Pages* (de Apple) o *LibreOffice (software* libre). Sin embargo, existe una considerable cantidad de programas alternativos que ofrecen entornos diferentes e incluso diversas metodologías de trabajo, como puedan ser: *Mellel, Quip, Ulysses, WritteApp, Celtx* u otros muchos.

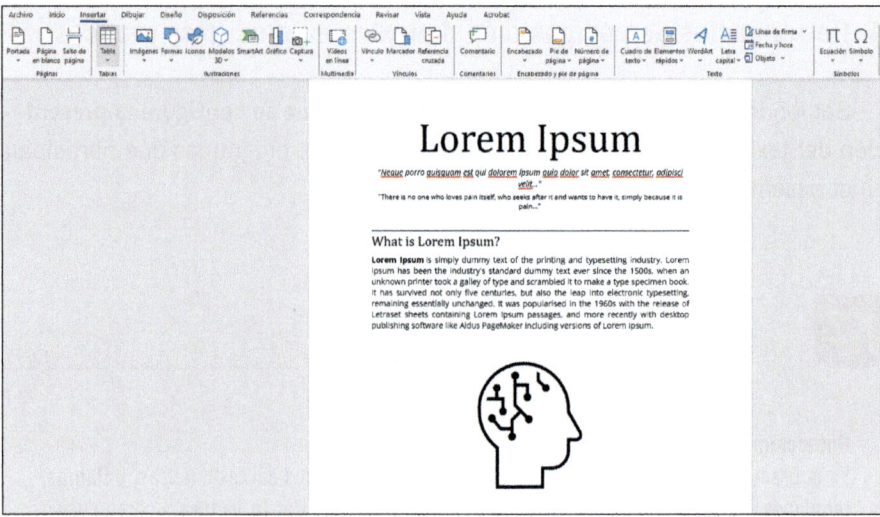

Introducción de recurso gráfico mediante procesador de texto

 Nota

La principal diferencia entre el editor y el procesador de texto reside en que, mientras que el primero tan solo permite la lectura y escritura de archivos de texto sin formato (llamado texto plano), el segundo permite la introducción de imágenes, soporta formatos y otras muchas opciones.

Las aplicaciones de diseño digital, dibujo o retoque de imágenes (las anteriormente citadas *Adobe Illustrator, Adobe Photoshop, CorelDRAW, Inkscape*, etc.) tienden a incorporar funciones de introducción de texto (también suele ser posible pegarlo o importarlo), que en algunos casos llegan a presentar ciertas opciones de composición.

En todo caso, aunque con algunas de las posibilidades mencionadas sea viable desarrollar productos gráficos que incorporen elementos textuales compuestos, siempre existirán ciertos déficits.

Por ello, las herramientas con las que mejor se puede desempeñar la composición de un producto que aúne imágenes y textos serán los programas de compaginación o maquetación (*Adobe InDesign, Adobe PageMaker, QuarkXPress, Microsoft Publisher, CorelDRAW, Scribus,* etc.).

Ejemplo de producto gráfico con componente textual

Consejo

Siempre que sea posible se ha de usar cada utilidad para el uso para el que ha sido concebido, puesto que asegurará una mayor especificidad para el cometido particular y un mejor resultado. Es decir, procesadores de texto, para escribir y dar formato; aplicaciones de diseño, para dibujar; programas de maquetación, para componer, etc.

Actividades

7. Para afianzar conceptos, realice un diagrama o tabla en el que se recojan las principales funciones de los tipos de herramientas mencionados en este apartado y aquellas otras funciones que pueden desempeñar pese a no estar concebidos para ello.

4.1. Formatos de archivos digitales

Cuando se toma una imagen (mediante una cámara fotográfica, escáner o cualquier otro dispositivo) o se desarrolla algún trabajo de ilustración, diseño o maquetación, toda la información capturada o elaborada queda almacenada en un documento o archivo digital que recogerá dichos contenidos (textos, formatos, recursos gráficos, etc.), posibilitando su posterior conservación, manipulación, transmisión o difusión mediante una publicación digital o impresión.

En resumen, estos archivos **recogerán la información que definirá un elemento gráfico.**

No obstante, no existe un único tipo de archivo, lo cual por otro lado facilitaría las cosas, sino que hay una gran variedad de formatos, algunos de los cuales presentan buenas condiciones de compatibilidad mientras que otros están limitados a un programa particular. Además, sucede que los diversos formatos poseen diferentes características y distintas formas de almacenaje, por lo que cada uno de ellos resulta más apropiado para unas funciones determinadas.

Una primera aproximación permite establecer una diferenciación en relación a la manera en la que se conforman y trabajan. Así, se distingue entre las imágenes de mapa de bits y las vectoriales.

Mapa de bits

También es conocido por **imagen ráster** o por el anglicismo *bitmap.* Estos archivos se estructuran mediante una cuadrícula de puntos elementales, llamados **píxeles,** que contienen información cromática de la parte de la imagen en la que se sitúa.

 Definición

Bit
Es un dígito del sistema numérico binario (aquel en el que solo se usan los dígitos 0 y 1) y corresponde con la unidad de medida de información mínima en la informática. Siempre se corresponde con una dualidad: 0-1, apagado-encendido, cerrado-abierto, negro-blanco, etc.

Píxel
Proviene del inglés *picture element,* en castellano: elemento de imagen. Representa la unidad mínima de una imagen digital y equivale a un punto de color.

Cuanta mayor sea la capacidad de almacenamiento del píxel, más amplia será la variedad de colores que podrá presentar. A esto se le conoce como **profundidad de color.** Así, mientras que con un bit el píxel solo podrá ser blanco o negro, con 24 o 32 podrá mostrar hasta 16.777.216 colores distintos.

Bits por píxel	Número de colores
1	2
4	16
8	256
16	65.536
24	16.777.216
32	16.777.216

Profundidades de color

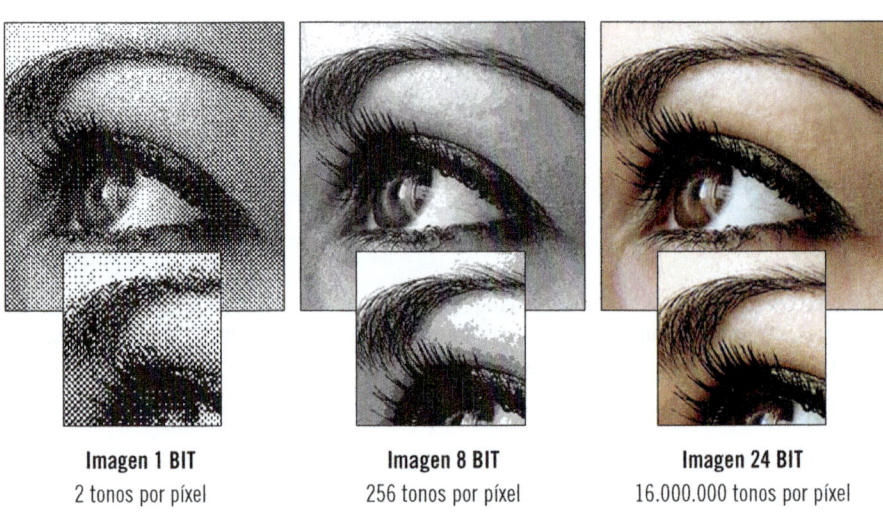

Imagen 1 BIT	**Imagen 8 BIT**	**Imagen 24 BIT**
2 tonos por píxel	256 tonos por píxel	16.000.000 tonos por píxel

Por otro lado, la cantidad de píxeles por unidad de medida (habitualmente *ppp:* puntos por pulgada) determina la resolución de la imagen, o sea, la precisión en la definición de la misma. Esta densidad de puntos se determina en relación al tamaño de la imagen original, por lo que mientras que una reducción no plantea inconvenientes, el aumento de tamaño de la misma implica un crecimiento en la dimensión del píxel. De ahí, que la ampliación de una imagen ráster pueda llegar a provocar una deformación, conocida como **pixelación,** que deteriora la calidad de la reproducción.

Imagen a 200 ppp y 72 ppp respectivamente

 Definición

Pixelar
Es el proceso por el cual una imagen al ser ampliada pierde resolución y nitidez, dejando ver la cuadrícula de puntos de colores (píxeles) que la conforman.

Ahora bien, tampoco es razonable recurrir a imágenes a 32 bits con una altísima cantidad de puntos por pulgada, puesto que cuanto más elevados sean estos dos parámetros, mayor tamaño ocupará el archivo.

 Consejo

Aunque la resolución siempre podrá depender de las dimensiones de publicación y de la distancia a la que será vista la imagen, como norma general se recomienda una resolución de 72ppp para visualización multimedia y una de 300ppp para una impresión convencional, aunque un ojo experto pueda llegar a reconocer resoluciones superiores.

Actividades

8. En los últimos años se ha recurrido a la pixelación intencionada como componente del diseño e incluso en otras artes plásticas. Busque, al menos, un ejemplo de aplicación de esta técnica y explique qué opinión tiene al respecto.

Imagen vectorial

También se le denomina **imagen orientada al objeto** o **imagen de dibujo.** Estos archivos están compuestos por elementos gráficos independientes llamados **objetos.**

Cada uno de estos elementos tiene unas características por definición que pueden ser variadas sin interferencia con el resto de componentes del dibujo, siendo las principales:

- Ubicación.
- Contorno.
- Dimensiones.
- Inclinación.
- Color de línea.
- Grosor de línea.
- Relleno.

Así mismo, cada objeto posee una configuración independiente del resto, determinada por su posición y unas relaciones y formulas matemáticas que conforman curvas o figuras planas autónomas. De esta forma, es posible modificar cualquiera de sus atributos (ubicación, tamaño, contorno, etc.) sin que esto afecte al resto.

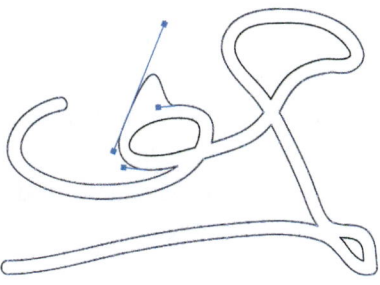

Trabajo con un dibujo vectorial

 Ejemplo

Una circunferencia queda definida por la posición de un punto (el centro) junto con un diámetro (la distancia a la que están todos los puntos que la conforman). Así, al cambiar la ubicación del centro, se desplazará todo el contorno o, al variar el valor del diámetro, amentará o disminuirá el tamaño del círculo.

Al estar determinados matemáticamente, no se ven afectados por las transformaciones de escala (ampliación o disminución), con lo que mantiene su nitidez, adaptándose a la máxima resolución posible para el medio de publicación.

Ampliación de imagen vectorial

Todas estas características hacen que las imágenes vectoriales sean muy utilizadas en cartelería y rotulación por su adaptación a grandes formatos, con archivos relativamente poco pesados (sin necesidad de ir a resoluciones muy elevadas como sucedería con mapas de bits) o a logotipos empresariales, dada su capacidad de modificación y deformación de proporciones sin perder definición.

Cuando un dibujo vectorial se visualiza o abre con una aplicación que no soporta dicho formato, es posible que este se **rasterice** (es decir, que se convierta en mapa de bits). No obstante, este proceso no puede producirse a la inversa (una imagen *bitmap* no puede convertirse en una vectorial).

En este sentido, cuando se trabaja con imágenes vectoriales mediante un programa informático, la visualización en la pantalla muestra píxeles, puesto que los parámetros matemáticos que definen la imagen carecen de representación gráfica. Por lo tanto, en ocasiones puede existir cierta discrepancia entre la salida digital y la impresión.

 Actividades

9. Resuma las principales diferencias existentes entre las imágenes ráster y vectoriales.

Tipos de formatos

La variedad de posibles formatos de documentos digitales es demasiado extensa como para profundizar en todos. Además, la constante renovación o aparición de nuevos tipos de archivos (asociados a programas o aplicaciones de reciente creación) hace imposible conocer todos los existentes. Por lo tanto, se expondrán a continuación los principales formatos, es decir, aquellos más extendidos o cuya aplicación en el campo de los productos gráficos sea más habitual.

JPG o JPEG (Join Photographic Expert Group)

Es el formato de archivos de tipo *bitmap* con mayor difusión, puesto que su tamaño moderado en relación a la considerable calidad de resolución ha supuesto su imposición mayoritaria en Internet o en el formato de salida de las cámaras digitales. Por ello, es el más usado para el intercambio, almacenaje o publicación digital de contenidos gráficos.

Esto es así dado que fue diseñado para la compresión de imágenes de mayor peso *(megabytes)* y posee gran compatibilidad, puesto que permite su visualización y manipulación con múltiples programas.

Aunque pueda regularse el grado de compresión, inevitablemente esta conlleva una pérdida en la calidad de la imagen. Es decir, cuanto más espacio ocupe, más definición tendrá, y cuanto mayor sea su compresión, la perdida de nitidez será superior.

El guardado del archivo provoca inevitablemente la pérdida de información a causa del proceso de compresión, por lo que su uso debe limitarse a producto terminado.

Detalle de un JPG con menor y mayor compresión

Consejo

Cualquier modificación que se realice sobre una imagen JPG y sea salvada, disminuirá su calidad, incrementándose la pérdida de definición a medida que se repita el proceso, por lo que se recomienda reducir al mínimo las actuaciones sobre la misma.

BMP (Bitmap o Bit Mapped Picture)

Tal y como indica su propio nombre, es un archivo de recursos gráficos de tipo mapa de bits, es decir, que registra las imágenes como una malla de puntos.

Se trata de un formato desarrollado por Microsoft e IBM, muy extendido, en especial, a causa de la mayoritaria presencia del sistema operativo Windows, siendo este el formato tradicional de sus fondos de pantalla *(wallpapers)* y también el de trabajo de su programa de dibujo por defecto: *Paint.*

Dado que está libre de patentes, es sencillo y permite una profundidad de color de 24 bits, es compatible con la visualización y edición por parte de numerosos programas. Además, dado que no presenta compresión carece de la perdida de información característica en otro tipo de archivos. Por contra, este hecho provoca que tengan un elevado tamaño en relación a su definición, por lo que son desaconsejables para su uso en Internet.

Sabía que...

Cuando realiza una captura de pantalla (tecla [Impr Pant]) usando un sistema operativo de Windows, la imagen se recogerá como BMP.

TIF o TIFF (Tagged Image File Format)

Es un formato de archivo de tipo *bitmap,* desarrollado por Aldus (ahora Adobe) y Microsoft, pensado para su utilización con imágenes de alta resolución y gran profundidad de color, por lo que es muy valorado por los profesionales del sector gráfico habituados al trabajo con programas de diseño o maquetación (como *Photoshop, InDesign,* etc.).

Por otro lado, trabaja con etiquetas (de ahí, su nombre) que incorporan indicaciones en relación al tamaño, definición, tipo de almacenamiento y a la información contenida, lo cual facilita y reduce los tiempos de carga.

También permite el almacenaje de varias imágenes en un solo archivo .tiff de múltiples páginas.

Así mismo, aunque permite la compresión, una de sus ventajas es que no la produce por defecto, por lo que permite su manipulación y guardado recurrente sin producir pérdida alguna de calidad en la imagen.

Imagen TIF de gran resolución

GIF (Graphic Interchange Format)

Este formato de imágenes mapa de bits no está concebido para el trabajo con componentes gráficos de gran calidad sino más bien al contrario. En este sentido, su desempeño atañe a imágenes básicas puesto que desarrolla 8 bits por píxel, lo que tan solo le permite el uso de 256 colores, lo cual es insuficiente para casi cualquier ilustración o fotografía.

Por contra, su beneficio radica en el potente sistema de compresión que produce archivos de una extensión mínima, lo que ha favorecido su abundante presencia en páginas web y otros medios *online.*

Por otro lado, posee algunas características que lo singularizan respecto al resto de formatos habituales:

- La posibilidad de incorporar trasparencia, o sea, definir secciones de la imagen sin fondo y que, por lo tanto, permiten ver lo que hay detrás.
- La capacidad para contener animaciones en base a la introducción de secuencias de imágenes en cíclicas en pequeños periodos de tiempo.

Secuencia de capturas de GIF animado

 Actividades

10. Realice una búsqueda en Internet para conseguir un recurso gráfico en formato JPG, otro en BMP, otro en TIF y otro en GIF, para ilustrar un documento sobre gastronomía. ¿Cuál usaría si el documento se publicase en una web? ¿Y si se imprimiese en DIN-A3? Justifique sus respuestas.

PNG (Portable Network Graphics)

En general, este formato surge para mejorar al .gif, con lo que en principio adopta todas sus ventajas corrigiendo sus principales defectos.

De este modo, .png aplica un sistema de compresión sin pérdida de calidad que redunda en archivos de pequeño tamaño. Sin embargo, en lugar de tener una profundidad de color de 8 bits, permite alcanzar los 32 bits, lo que supone pasar de 256 a más de 16 millones de colores.

Aun así, aunque es un formato perfectamente válido para fotografías, su uso en estas no es demasiado frecuente, siendo más habitual encontrarlo en ilustraciones, infografías o capturas de modelos tridimensionales virtuales.

Igualmente, permite el uso de animaciones, para lo cual es necesario recurrir a la extensión de este formato .apng *(Animated Portable Network Graphics),* o de transparencias.

Ejemplo de representación de transparencia

![?] **Sabía que...**

Dado que la transparencia no puede ser vista, para representarla se recurre a una trama de dibujo en damero en tonos blancos y grises.

Aplicación práctica

Le ha encargado a un estudiante en prácticas de su editorial que seleccione un recurso gráfico para añadir a un artículo sobre cine mudo para una revista de una asociación cultural. Dado que su elección ha sido un GIF animado de Chaplin (en blanco y negro), explíquele por qué su decisión es equivocada.

SOLUCIÓN

Debería comentarle que, aunque el contenido de la imagen sea muy acertado, la elección es errónea por dos motivos. El primero es que la animación no puede ser trasladada al papel dado que la impresión podría plasmar uno de los fotogramas que formasen la animación, pero no recoger el movimiento. El segundo es que el formato GIF solo permite 256 colores, lo que pese a ser menos relevante en una imagen en escala de grises, es suficiente como para perder calidad.

PSD (Adobe Photoshop Document)

Se trata de un formato propio del programa de diseño *Photoshop* de Adobe, por lo que para ser manipulado mediante otras aplicaciones requiere de conversiones a otros formatos (con la correspondiente pérdida de opciones).

Es, esencialmente, un archivo de trabajo y rara vez se usa para su impresión directa. Esto es así dado que tiende a ocupar una extensión considerable a causa del uso de hasta 48 bits por píxel y la implantación de otras funciones como el trabajo con canales o capas. Además permite uso de color tanto RGB como CMYK.

Por todo ello, es uno de los formatos más usados por profesionales de la fotografía y el diseño, pese a no soportar gráficos vectoriales.

Nota

Las capas de los archivos PSD funcionan como una superposición de imágenes en estratos, que pueden ser activadas, desactivadas o manipuladas sin interferencia sobre las demás.

CDR (CorelDRAW File)

Al igual que el PSD, este formato pertenece a un determinado programa, en este caso a *CorelDRAW.* Esto limita la compatibilidad. No obstante, tampoco plantea excesivos problemas, dado que otra de las semejanzas entre estos formatos es su uso mayoritario como archivo de edición o creación de proyectos y, extrañamente, para su impresión directa.

Igualmente supone una herramienta de uso esencialmente profesional (principalmente del diseño) puesto que posee opciones y utilidades específicas como la posibilidad de usar colores RGB o CMYK, el control de capas o (aquí su principal diferencia con PSD) el trabajo con gráficos vectoriales.

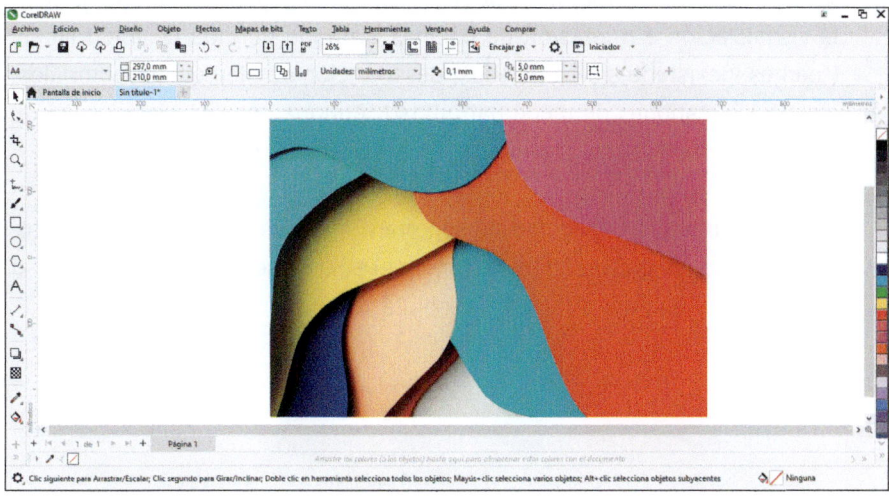

Dibujo vectorial en CorelDRAW

RAW (literalmente crudo)

No es un formato concreto sino más bien una clase de formato, propio de las cámaras digitales, definido como un "archivo en bruto de imagen sin modificar", o lo que es lo mismo, que contiene toda la información recibida por el sensor digital que haya realizado la captura, por lo que se le conoce como "negativo digital".

Pese a que generalmente las cámaras suelen ofrecer la salida convirtiendo el archivo a JPG, cada vez se tiende más al uso de los RAW.

Para trabajar con ellos hay que disponer de un programa determinado en función del fabricante o los específicos *(Adobe Lightroom, Adobe Camera Raw, Apple Photos,* etc.), aunque presentan inconvenientes como el gran tamaño o la falta de estandarización.

En este sentido, han surgido dos intentos destacados por unificar el formato racionalmente, como son *OpenRaw* (abierto y libre uso) o *DNG (Digital Negative* de Adobe, aunque público).

PDF (Portable Document Format)

Se trata de un formato creado por Adobe para posibilitar el intercambio, la visualización e impresión de páginas evitando pérdida de información (fuentes inexistentes o cambiadas, desaparición de elementos vectoriales, etc.) por cuestiones de incompatibilidad. Aunque permite cierto grado de edición, se trata esencialmente de un programa de salida.

Si se aúna a la capacidad de soportar imágenes ráster, gráficos vectoriales y texto, su gratuidad (el lector, no el editor), se puede comprender el porqué de su enorme difusión y absoluta preponderancia.

Actividades

11. ¿Considera útil el formato PFD? ¿Por qué? ¿Qué cree que sucedería si no existiese un formato con compatibilidad entre diferentes programas? Justifique su respuesta.
12. ¿Qué ventajas encuentra en el uso de formatos RAW?

TIFF/IT (Tagged Image File Format / Image Technology)

Es el formato definido por la ANSI (Instituto Nacional Estadounidense para la Estandarización), para los procesos de preimpresión de la industria gráfica en mapa de bits, el cual permite, combinando tres archivos simultaneados, la creación de páginas.

En algunos países es el formato convencional en el desarrollo cotidiano de la industria editorial y los profesionales del sector.

WebP

Es un formato desarrollado por *Google* que ofrece compresión sin pérdida y con pérdida. Admite la transferencia y está diseñado para las imágenes de alta calidad con tamaños de archivo más pequeños, lo que ayuda a acelerar la carga de las páginas web.

Sin embargo, su compatibilidad con navegadores web puede variar.

SVG (Scalable Vector Graphics)

Es un formato de imagen basado en XML que se utiliza principalmente para gráficos vectoriales y logotipos.

Es muy útil para imágenes que necesitan escalarse sin perder calidad.

 **Importante**

Utilice los formatos adecuados en cada circunstancia: aquellos que no pierden calidad en cada guardado para su edición, los formatos de tamaño reducido para su intercambio o publicación digital y aquellos de mayor calidad o soporte vectorial para la impresión de gran tamaño o elevada calidad.

4.2. Compatibilidades y problemas de transferencia

En el desarrollo de una actividad, sea esta profesional o doméstica, extrañamente se da un único agente laboral involucrado, y aun siendo así, resulta frecuente la participación de diferentes herramientas, aplicaciones o dispositivos. O lo que es lo mismo, generalmente, en el proceso de trabajo sobre un producto gráfico, es habitual el empleo de múltiples programas informáticos (procesadores o editores de texto, utilidades de dibujo o retoque digital, *software* de diseño o maquetación, etc.) y de instrumental de impresión común o industrial.

Incluso se entiende como muy normal la transferencia, intercambio o publicación digital de estos archivos, tanto en situaciones de colaboración como para envíos de documentos acabados.

Desarrollo de trabajo colaborativo a distancia

Por todo esto, habrá que tomar en consideración las características y **particularidades de los diferentes tipos de formatos de archivos digitales** que puedan ser utilizados, así como conocer los condicionantes y restricciones del resto de elementos que se vayan a usar.

En este sentido, será necesario tener en cuenta los aspectos que se detallan a continuación:

- No cualquier programa permite la apertura y manipulación de todos los tipos de formatos, pudiendo esto suceder por las siguientes causas:

  - Para empezar, existen determinadas clases de archivos que son cerrados, es decir, que son de uso privativo, reservado a un determinado *software* (PSD es propiedad de *Adobe Photoshop,* CDR pertenece a *CorelDRAW,* etc.).
  - Por otro lado, hay algunas aplicaciones que no soportan gráficos vectoriales, con lo que bien directamente no permiten ni siquiera visualizarlos, o bien, en todo caso, los abren transformándolos (de forma irreversible) en imágenes ráster.
  - Incluso se dan circunstancias en las que un programa no reconoce algunos archivos sencillamente porque no ha sido programado para ello.
    Por ejemplo, si se trabaja en un diseño en CDR mediante *CorelDRAW,* no se podrá editar con ningún otro programa. Sin embargo, si se guarda dicho archivo como PDF sí que se podrá incorporar a un documento de *Microsoft Word* o también será posible modificarlo, por ejemplo, con *Adobe Photoshop,* aunque el gráfico vectorial se transformará en mapa de bits.

- El sistema o medio que vaya a utilizarse para su publicación representará otro factor de gran incidencia en la selección de los formatos apropiados:

  - En primer lugar, la impresión de documentos o paneles de alta calidad y definición requiere del uso de imágenes de resolución elevada, especialmente considerando los contenidos fotográficos (en mapa de bits), o con gráficos vectoriales, sobre todo si se pretende una observación relativamente próxima.

▪ No obstante, esto no es tan acentuado en la cartelería de gran tamaño, dado que se prevé que esta será percibida a una distancia considerablemente lejana, por lo que siendo preferible el uso de imágenes vectoriales, la calidad de los recursos *bitmaps* no tendrá que ser desmesurada.

▪ Así mismo, en el extremo opuesto se encuentran los documentos de dimensiones menores (periódicos, revistas, libros, folletos, etc.) en los que el factor a tener en cuenta es la limitación de la definición. Es decir, evitar la utilización de recursos de elevadísima definición para la impresión de imágenes de tamaño reducido por el gasto de espacio (a mayor definición, más *megabytes* ocupados) innecesario.

▪ Igualmente, las publicaciones digitales pensadas para ser vistas mediante una pantalla deben tener en cuenta el tamaño de visualización de los recursos gráficos, puesto que será incoherente introducir un elemento que en pantalla tendrá unas medidas máximas (que dependerán de las dimensiones de la pantalla) y pueda ser visto a un tamaño mucho mayor sin perder definición

▪ Además, es necesario considerar las condiciones intrínsecas del medio de publicación, puesto que en ocasiones se introducen elementos que no pueden transmitir su contenido por las características particulares del mismo.

▪ Por ejemplo, al introducir un componente gráfico a color en un documento que será impreso en escala de grises (como un periódico), se debe comprobar el resultado de la imagen puesto que, al perder la saturación de color, puede perder contraste e incluso llegar a resultar ilegible. De igual modo, los archivos que contienen animación son válidos para publicaciones digitales pero inadecuados para la impresión.

Ejemplo de pérdida de información al pasar a escala de grises

Actividades

13. ¿Piensa que el que un determinado formato de archivo sea libre o carezca de patente es suficiente para que pueda abrirse con cualquier programa? Razone su respuesta.
14. Relacione cada uno de los diferentes formatos que se han visto con, al menos, dos tipos de publicaciones para las que sean adecuados.

En cuanto a la **transmisión de los ficheros de productos gráficos,** su transferencia no dista de la de cualquier otro tipo de archivo informático, con lo que se puede resolver mediante el uso de cualquiera de los diversos dispositivos de almacenaje (CD, DVD, tarjeta de memoria, disco duro externo, memoria USB, etc.) o a través de Internet.

El envió o intercambio de este tipo de documentos mediante la red, presenta las mayores dificultades asociadas al tamaño de estos archivos. En general, aunque los más grandes presentan alguna complicación, los pequeños pueden compartirse sin inconvenientes mediante correo electrónico, adjuntándolo en un email, o mediante transferencia directa.

Importante

Cuando se habla de tamaño, peso u ocupación de un archivo digital, se hace alusión a la cantidad de información que contiene, siendo esta habitualmente medida en *megabytes.*

En cuanto a los archivos de mayor tamaño, la solución más elemental puede pasar por reducir su calidad, si es que es posible teniendo en cuenta la finalidad de los documentos, o proceder a su compresión mediante alguno de los programas capacitados para ello (como *WinZip* y *WinRar,* o sus alternativas gratuitas *7-Zip, PeaZip,* etc.).

Ejemplo

Para compartir el archivo de un panel, sobre el que quiere consultar a un colega en relación a la maquetación del mismo, no es necesario que el documento tenga una calidad como para su impresión en tamaño A1. Probablemente una resolución mucho menor será suficiente como para obtener dicha opinión.

No obstante, en el caso de que el tamaño del archivo sea necesariamente elevado, existen otras posibilidades:

- Por un lado, están los sistemas de almacenamiento (individual o compartido) en **la Nube,** que permiten depositar una cantidad más o menos extensa de documentos (dependerá del tamaño de estos, no del número) en sus servidores, de manera que se pueda acceder a ellos desde cualquier lugar en el que se disponga de conexión a Internet. De esta forma, compartiendo un almacenamiento, es posible intercambiar archivos a través de este. Algunos de los más utilizados son: *Dropbox, Google Drive, Microsoft OneDrive, Mega, Amazon Cloud Drive* o *Spideroak.* Aunque todos estos sistemas presentan una opción de pago, también ofrecen alternativas gratuitas.

La **Nube,** también conocida por el vocablo ingles *Cloud,* es el modelo de trabajo y almacenaje informático virtual, sustentado a través de servidores, que permite el uso de estos servicios de manera deslocalizada, es decir, independientemente del lugar de acceso, siempre que se tenga conexión a Internet.

■ Como alternativa a estos servicios, existen otras herramientas que no ofrecen la posibilidad de almacenaje, sino que limitan su función al envío de archivos (generalmente pesados) entre usuarios. Estos permiten cargar en sus servidores el fichero deseado devolviendo un enlace, que se suele remitir al receptor, desde el que proceder a la descarga del contenido. Algunas de las herramientas más usadas son: *Wetransfer, WeSendIt, DropSend, My Air Bridge,* o *File Mail.* Al igual que en el caso anterior, estas utilidades poseen tanto opciones de pago (con ventajas) como sin coste (más básicas).

 Nota

Es necesario subrayar la relevancia de estos sistemas de intercambio y transferencia a la hora de facilitar el trabajo en equipo o la colaboración a distancia.

En definitiva, es necesario atender tanto al formato de los archivos de trabajo como al resto de condicionantes (compatibilidad, condiciones de publicación, posibilidad de intercambio, etc.) para asegurar un desarrollo confortable y eficiente del proceso editorial.

 **Aplicación práctica**

Participa en un concurso de dos fases para la renovación del logotipo y la imagen de una cadena de grandes superficies comerciales. Para la primera, es necesario enviar un archivo por correo electrónico. En caso de ser seleccionado, para la segunda habría que exponer un panel A0 y, en caso de ganar, se tendría que aportar un diseño de logotipo escalable. ¿Cómo procedería suponiendo que llegase a ganar?

SOLUCIÓN

Es importante considerar el trabajo total antes de iniciarlo, por lo que el logotipo escalable implica un trabajo vectorial. Por esto, habría que trabajar con un programa adecuado para ello.

Por lo demás, para la primera fase sería razonable convertir el archivo a JPG con el máximo de calidad que permitiese el envío por correo electrónico. Para la segunda fase imprimiría el panel a partir de un archivo PDF, cuidando que las posibles imágenes ráster tuviesen resolución suficiente para no pixelarse. Por último, para enviar el logotipo optaría por un formato que soportase vectores, por ejemplo el propio PDF.

4.3. Composición de textos con *software* de edición vectorial y editorial estándares

Como se ha visto anteriormente, la composición de textos alude a la manera en la que se presenta un texto para facilitar la lectura, para lo que los diferentes programas consideran múltiples condicionantes (la posibilidad de dividir palabras mediante guión, la variación del espacio entre palabras o letras, etcétera).

Si bien esto es así, no es estrictamente invariable, puesto que en ocasiones es posible que la presentación del texto pueda tener otras **intenciones comunicativas que prevalezcan sobre la legibilidad** del mismo.

Esto, que es muy poco frecuente en artículos editoriales ordinarios con presencia mayoritaria de texto (como periódicos, novelas, etc.), no es tan extraño en documentos en los que la carga textual es menor, o no es tan esencial.

En esas circunstancias, una determinada sugerencia visual (asociada a una imagen, forma o color) o una composición poco convencional pueden favorecer la transmisión y el calado del mensaje con mayor intensidad que cualquier texto, posibilitando captar la atención del receptor, despertar su curiosidad, provocar desconcierto, etc.

Retrato a partir de una composición textual

En este sentido, los programas de edición de textos convencionales presentan unos recursos muy limitados, o incluso nulos, que en el mejor de los casos no suelen ir más allá de la variación de la escala de glifo (modificando la proporción de la letra, haciéndola más esbelta o ancha) o de la introducción de algunas herramientas puntuales que permiten una manipulación tosca, torpe y muy limitada, del texto.

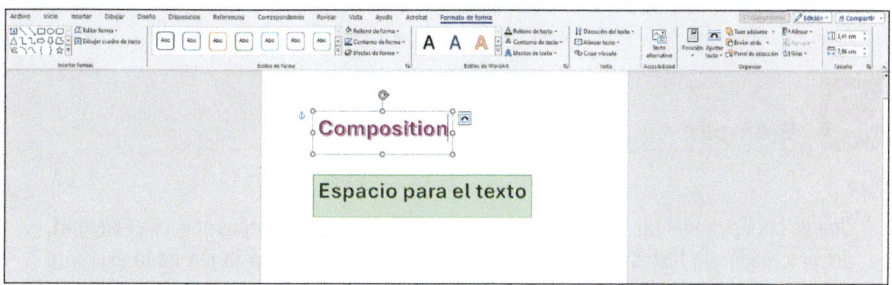

Composición de texto con WordArt

Actividades

15. Comente qué función considera que tiene el texto en cada uno de los siguientes ejemplos. Razone si piensa que la lectura del mismo es algo principal o secundario.

Composiciones textuales a comentar

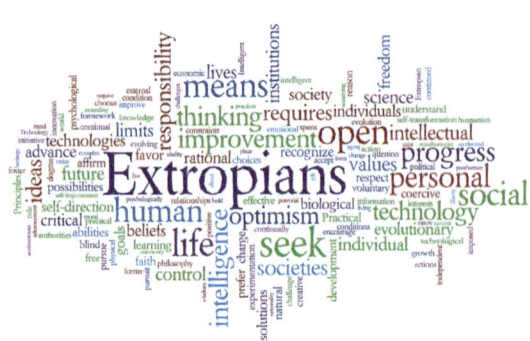

Ejemplo

Una de las herramientas de los programas de edición de textos estándares es el WordArt, del procesador de textos *Microsoft Word*, que permite modificar la forma de la escritura con unos patrones preestablecidos.

No obstante, el *software* de edición vectorial permite un grado de intervención y variación de texto mucho mayor, facilitando una actuación con más libertad en la que se puede desde alterar a voluntad el contorno mismo de cada letra aisladamente hasta adaptar un cuerpo de texto a un espacio de una forma particular.

Las posibilidades pueden abarcar desde la composición de una imagen mediante palabras o letras de diferentes colores hasta la deformación de la línea base, que de manera normal es invariablemente horizontal, adaptándola a cualquier trazado, por muy azaroso que este sea.

Uso de texto como componente pictórico

De manera homóloga, todos estos aspectos aparecen en los documentos digitales animados, en este caso con texto y movimiento, donde el documento puede plantear desde el simple texto desplazándose en horizontal o vertical a una velocidad que permita su lectura, hasta el juego de quiebros, saltos, giros o apariciones de palabras, que puede ir desde lo dinámico hasta lo abrumador y desconcertante.

Texto en movimiento en secuencia cinematográfica

De cualquier forma, es importante diferenciar cuándo el texto requiere ser leído o cuándo simplemente representa un componente gráfico más del diseño cuyo significado (si es que lo tiene) es secundario. Por ello, en la medida en que la relevancia del texto sea mayor, más en consideración habrá que tener los factores claves de la composición de textos básica, es decir, la legibilidad y el confort de lectura.

 Consejo

Se ha de recordar en todo momento la finalidad última del documento, por lo que se ha de evitar el uso de composiciones enrevesadas si esto dificulta la transmisión del mensaje.

5. Aplicación tipográfica en formatos estándar (din-a)

A la hora de diseñar un producto editorial y decidir los componentes que lo conformarán definiendo sus características particulares, es importante, por no decir imprescindible, tener en cuenta **qué tipo de soporte** se usará para la publicación y cuáles serán sus peculiaridades, requiriendo especial atención los siguientes aspectos:

- Si se imprimirá en papel o se mostrará en pantalla.
- Atender a las medidas del formato.
- Conocer la distancia a la que se prevé que se perciba.

Entre los muchos posibles formatos del papel, aquellos cuyo uso es más común y generalizado son los que siguen la normativa de la ISO *(International Organization for Standarization)* que establece unos estándares a partir de un pliego rectangular de papel de 1m² que mantiene sus proporciones al dividirse perpendicularmente a la mitad de sus lados mayores, o lo que es lo mismo, que cada formato tiene el doble del tamaño del formato inferior y la mitad del inmediatamente superior.

Proporción de los formatos DIN-A

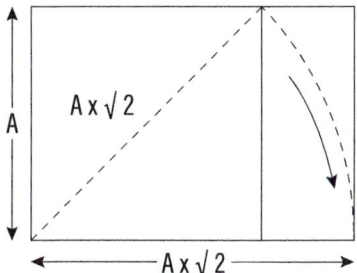

Al formato más grande se le denomina A0 (con unas dimensiones de 1189x841 mm), pasando a denominarse cada una de sus fracciones A1 (841x594 mm), A2 (594x420 mm), A3 (420x297 mm), etc.

Muestra de la proporción de los formatos DIN-A

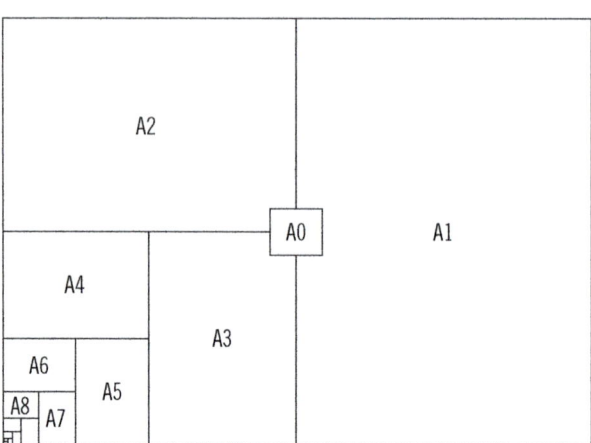

 Actividades

16. Recoja por escrito su reflexión respecto al uso generalizado de formatos normalizados de papel.

En cuanto a los diversos formatos, se pueden agrupar según su tamaño en relación a los usos a los que suelen dedicarse:

- **Los de uso común (A3, A4, A5):** el formato A4 ha reemplazado al folio tradicional, por lo que es el papel de uso más habitual tanto en el escritorio doméstico como en el docente u oficinístico, por lo que se trata del tamaño al que se está más habituado para todo tipo de documentos. El A5 también tiene cierta presencia en el contexto escolar (especialmente en el infantil), puesto que, siendo similar a la cuartilla, es más manejable para los niños. Igualmente, se utiliza para la impresión de libros o cuadernos. En cuanto al A3, su mayor tamaño lo hace menos frecuente en el uso cotidiano, aunque su versatilidad, al ser relativamente grande y manejable (no es necesario doblar para transportarlo con comodidad) lo ha asociado a funciones profesionales como la presentación de detalles de planos o composiciones, diagramas, gráficas, etc. Generalmente se presupone que estos documentos serán leídos con cierta proximidad, desde las manos o una mesa, por lo que suelen contener letras con un tamaño razonablemente reducido para el cuerpo de texto (de 8 a 14 puntos), permitiendo fuentes mayores para titulares o destacados.

- **Los formatos mayores (A0, A1, A2):** debido a su gran tamaño, resultan aparatosos de manipular o trasladar, por lo que habitualmente se vinculan a un uso profesional. Su utilización frecuentemente va asociada a planos técnicos, paneles de concurso, posters comerciales, exposiciones o presentaciones. En este sentido, pueden ser pensados bien para una observación distante y rápida, para lo que necesitan de letras grandes y bien legibles (con tamaños superiores a los 20 puntos), o bien para un análisis pormenorizado que requiera de un texto extenso (con fuentes de 8 a 12 puntos). O incluso a una conjunción de ambas posibilidades.

- **Los de pequeño formato (A6 e inferiores):** a causa de su menor tamaño, requieren de una observación más detenida o minuciosa que los tamaños superiores, por lo que se estima que siempre son apreciados desde la propia mano y frecuentemente acercados al ojo. Por ello, suelen tener textos cortos en tamaños ligeramente sobredimensionados respecto a sus proporciones como reclamo (de 12 a 16 puntos, generalmente), pudiendo presentar otros más pequeños (de 6 a 10 puntos). Se utilizan para postales, publicidad en mano, recordatorios, etc.

 Actividades

17. Anote las medidas de algunos productos derivados de los formatos DIN-A, y comente su opinión acerca de la utilidad de esta coherencia de dimensiones.

Más allá de los DIN-A (los tamaños más habituales), existen otros formatos estándares recogidos por la norma, aunque con un uso menos frecuente. Estos son los DIN-B, DIN-C, DIN-D O DIN-E.

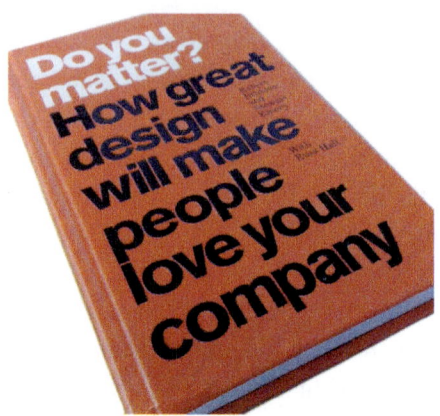

Incorporación de tipografía en diseño A4.

Además de su función más básica como superficie de soporte para la impresión o escritura ordinaria, los formatos estandarizados tienen una repercusión que trasciende esta elementalidad, puesto que producen una consecuencia en los productos derivados o **de segunda generación.** Estos son aquellos que, sin ser propiamente dicho elemento (el papel), tienen una relación directa con este, por lo que sus dimensiones y características se adaptan a estos formatos.

Incluso existen determinados objetos que, sin tener una vinculación inmediata con el papel, se adaptan a la norma de estandarización por afinidad o imitación.

Diseño industrial de vajilla según formato DIN-A

Ejemplo

Algunos de los objetos derivados de los formatos estandarizados son las carpetas, los sobres, los portafolios o las impresoras. Algunos de los productos afines son las bolsas o las chapas de madera.

Consejo

A la hora de afrontar el diseño de un producto editorial impreso, hay que familiarizarse con las particularidades del formato del soporte de impresión, dado que resultará primordial para desarrollar un documento apropiado.

Aplicación práctica

Debe diseñar un cartel promocional para un nuevo gimnasio de su barrio, cuyo formato sea A3 y contenga un texto principal (nombre del gimnasio, localización, fecha de apertura y precio de oferta) y uno secundario (tipos de actividades, horarios, etc.). Además, tiene que producir unas hojas para repartir en mano (A6) con el mismo objetivo propagandístico. ¿Qué tamaño de letra usaría para los contenidos en cada caso?

SOLUCIÓN

Aunque generalmente el A3 es un formato para ver en mano, en este caso se usará como cartel, por lo que se tendrá que recurrir a unos tamaños mayores de lo habitual, al menos para la información principal. En este caso, se optaría por un texto a 36 puntos, recurriendo a uno de 12-14 puntos para los contenidos secundarios.

Para el A6, considerando su aplicación, se utilizaría un texto de 14 puntos para la información principal y uno de 10 puntos para la secundaria.

6. Aplicación tipográfica en otros formatos

Más allá de los formatos estandarizados que siguen la norma ISO 216, existe una gran variedad de documentos y productos editoriales que son ajenos a esta regla. Objetos tan dispares como las etiquetas de la ropa, los marcapáginas, algunos libros o elementos publicitarios pueden, y suelen, ser ajenos a estas dimensiones. Es más, algunos de estos elementos ni siquiera poseen una forma rectangular, llegando a presentar contornos irregulares de todo tipo. Por ello, seguidamente se analizarán los aspectos más relevantes de otros grupos de productos que no caben en la clasificación normalizada.

6.1. Desplegables y folletos: dípticos, trípticos

A la hora de condensar una información en un documento manejable, es frecuente recurrir a los formatos compactos desplegables o, simplemente, a los de tamaño reducido, conocidos como **folletos.** En cualquier caso, la finalidad de estos es facilitar la portabilidad, permitiendo la consulta de sus contenidos de una forma sencilla con una comodidad de transporte suficiente. No obstante, aunque el origen de estos formatos tiene una razón manifiestamente funcional, la evolución del diseño ha acudido a estas opciones como un recurso creativo más.

Estos documentos deben presentar la información mediante tipografías muy claras y legibles, permitiendo su lectura y comprensión en circunstancias poco propicias para ello (mientras se camina, en un transporte público en movimiento, etc.). Al mismo tiempo, suelen, incorporar recursos gráficos que refuercen los contenidos.

En general, los folletos son impresos sencillos de una sola hoja, a una o dos caras, de uso promocional o divulgativo. Por su parte, **los desplegables** son documentos de mayor complejidad, que se presentan plegados, una o más veces, según un determinado patrón considerado en el propio diseño, de forma que dejan ver su contenido de forma secuencial a medida que se va desdoblando o abriendo.

Atendiendo a la manera en la que se doblen, los desplegables comunes pueden ser:

- **Simple:** si el sentido del pliegue es reiterativo sobre sí mismo.
- **Tipo ventana:** si se pliega sobre sí mismo simultáneamente desde dos extremos opuestos.
- **Tipo acordeón:** si el sentido del pliegue se alterna sucesivamente resultando un doblez en zigzag.

Pliegue tipo ventana y tipo acordeón

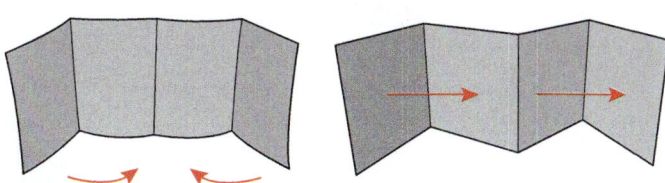

Por otro lado, **el díptico** constituye uno de los casos particulares de desplegables más frecuentes. En esencia, consiste en una hoja plegada por la recta que une los puntos medios, enfrentando dos de sus lados opuestos. De esta forma, se constituye un documento de cuatro facetas o paneles, siendo generalmente la anterior dedicada a la portada, las interiores al contenido principal y la posterior a informaciones secundarias (datos técnicos, de contacto, etc.). Mediante este pliegue se consigue una ganancia de inercia y rigidez que posibilita su disposición vertical estable (en tanto esté parcialmente abierto).

Muestra de díptico

En cuanto al **tríptico,** se trata de la otra modalidad de desplegable más habitual. Es el resultado del pliegue en tres partes iguales y paralelas de una hoja, o lo que es lo mismo, mediante dos pliegues, obteniéndose un documento con seis caras o paneles, que generalmente se conforma a modo de ventana, de forma que presente una portada, cuatro partes interiores dedicadas a los contenidos y una contraportada con información secundaria. Así mismo, este procedimiento dota al papel de inercia para permitir su colocación alzada.

Muestra de tríptico

Nota

El extendido uso de folletos y desplegables se debe a su contrastada eficacia, dado que resumen una información de forma escueta y sencilla, con un formato cómodo que permite su lectura incluso en circunstancias de transición (andando, esperando una cola, etc.).

Aplicación práctica

La propietaria de un pequeño taller de arreglos textiles recién abierto en su barrio desea promocionar su negocio, para lo que piensa en un tríptico que recoja sus tarifas y horario y que incorpore un cupón recortable con un descuento. Sin embargo, antes de confirmarle el encargo, le pide su opinión. ¿Qué le aconsejaría?

SOLUCIÓN

Para los pocos contenidos que desea incorporar, no sería necesario optar por el tríptico, puesto que su coste sería superior a otras posibilidades, aunque sería una opción válida.

Debería recomendarle un folleto básico, que constase de los mismos contenidos con un diseño sencillo y claro, y que no requiriese del engorro de recortar el cupón, sino que posibilitase el descuento con solo entregarlo.

No obstante, la decisión final dependería del cliente.

Más allá de estas dos opciones tan recurrentes y de otros plegados tradicionales, como los de los callejeros, mapas de carreteras o de planos técnicos, existe un número ilimitado de posibles configuraciones de estos pliegues.

Aprovechando la efectividad de los planteamientos progresivos o secuenciales, los diseñadores han atendido a este recurso desde un punto de vista compositivo, dando lugar a los **desplegables creativos,** que o bien aprovechan las nuevas posibilidades que ofrece el abandono de la bidimensionalidad, o bien hacen uso de su necesidad de interacción con el receptor de la información, para mejorar el calado del mensaje.

Muestra de desplegable creativo

 Actividades

18. Elija un tema que le interese, y plantee qué contenidos elementales incorporaría a un folleto sobre dicho tema destinado a gente que no sepa nada del mismo.
19. Si en la actividad anterior, en lugar de ser un folleto se tratase de un díptico, ¿cómo distribuiría los contenidos entre portada, hojas interiores y contraportada?

Esta vía ha dado pie, incluso, a la necesidad de participación y manipulación del receptor en algunos casos, en los que el diseñador introduce patrones de ***papercraft*** que requieren de la colaboración del usuario para componer los objetos tridimensionales acabados que incorpora el documento. Aunque esto pueda constituir el producto editorial en sí mismo, es una técnica muy extendida en el ámbito publicitario, incorporando estas promociones orientadas hacia un consumidor infantil.

Modelo de recortable papercraft

 Definición

Papercraft
Es una técnica de elaboración de modelos tridimensionales a partir de patrones recortables de papel, cartulina o cartón, similar a la papiroflexia salvo que en este caso es posible el corte y el pegado además del plegado.

Por último, cabe señalar la particularidad del ***pop-up,*** como un concepto diferente e independiente del resto de desplegables. Aunque su presencia se ha asociado generalmente a la literatura para niños, sus usos no quedan limitados a ese ámbito, dado que su capacidad para mostrar en representaciones volumétricas contenidos tradicionalmente planos no ofrece más que otro recurso al servicio de diseñadores y maquetadores.

Aplicación del pop-up en contexto infantil

Definición

Pop-up

Se conoce como *pop-up* o elemento emergente al objeto editorial conectado con dos páginas consecutivas que, por su constitución mediante determinados pliegues, puede encontrarse doblado y plano, mientras las páginas están cerradas, o desplegado tridimensionalmente en tanto las páginas permanecen abiertas.

En todos estos casos, la selección de la tipografía queda supeditada a los condicionantes habituales, es decir, al tipo de público al que vaya dirigido, a la distancia desde la que se vaya a apreciar y a la intención comunicativa.

En este último aspecto, pese a que los formatos creativos poseen menos restricciones, en los folletos y desplegables comunes es importante que una elevada legibilidad prime sobre cualquier otro aspecto.

6.2. Grandes formatos

Se denominan grandes formatos a aquellos que son superiores al DIN-A0, y, en general, a todos los que no están elaborados para su lectura de un golpe de vista. Se incluyen aquí aquellos documentos de grandes dimensiones o desproporcionados (muy alargados vertical u horizontalmente) que requieren de desplazamiento o manipulación para ser percibidos correctamente.

Estas medidas habitualmente son características de diversos tipos de documentos técnicos (mapas geográficos, callejeros, geotécnicos, topográficos, planos de arquitectura o ingeniería, diagramas, etc.) o de composiciones de diseño o artísticas (productos de diseño industrial, desarrollos gráficos longitudinales, ejes cronológicos continuos, paneles expositivos, etc.).

Documento de gran formato apaisado

En contraposición, quedan excluidos de esta clasificación todas aquellas composiciones que, pese a cumplir los requisitos de grandes medidas, su finalidad sea ser vistas a una distancia considerable y de un vistazo (rótulos, posters promocionales, carteles de marquesinas, etc.).

Nota

No es extraño que esta clase de documentos, por sus grandes dimensiones, se presenten plegados para facilitar su transporte. En caso contrario, requerirán de carpetas adecuadas o tubos (en caso de que se puedan enrollar).

En estos documentos será especialmente importante la atención a la jerarquía de los contenidos, así como al orden implícito de lectura. El diseñador o maquetador tendrá que atender a los parámetros de la tipografía tanto como a la relevancia de los recursos gráficos, de manera que sea perceptible el grado de importancia de los diferentes textos o asuntos. Entendiendo que cada caso singular tendrá sus propias condiciones particulares, es recomendable la identificación de grupos de contenidos mediante **textos destacados** (títulos, subtítulos, etc.) u otros componentes gráficos (imágenes, diagramas, bloques de color, separadores, etc.).

De cualquier modo, los textos tendrán que adecuarse a las condiciones de visionado, por lo que las condiciones tipográficas podrán variar enormemente, teniendo la premisa de que la letra (fuente, cuerpo, color, etc.) debe quedar supeditada a la función comunicadora.

Ejemplo

En los planos de detalle constructivo de un edificio, mientras que la sección a la que pertenece el detalle debe ser evidente, la leyenda y el resto de textos tendrán un tamaño reducido y ocuparán un lugar secundario, al que habrá que dirigirse para comprobar alguna referencia técnica.

Actividades

20. Consulte un documento de gran formato (un mapa de carreteras o un plano callejero, por ejemplo) y explique las dificultades que encuentra en su manejo.

6.3. Cartelería exterior, vallas publicitarias, rotulación

Esta tipología de formato suele ubicarse en espacios abiertos o de pública concurrencia, es decir, en lugares en los que se prevé que serán visionados por mucha gente y, frecuentemente, desde cierta distancia. Su intención comunicativa suele atender a razones comerciales, publicitarias o informativas, careciendo (normalmente) de un receptor concreto y estando dirigidas a las masas de potenciales consumidores o personal interesado.

Por todo ello, es importante tener en consideración dos aspectos esenciales asociados a su funcionalidad:

- Deben ser claramente visibles.
- Deben ser perfectamente legibles.

Consejo

Aunque, en general, llamar la atención es uno de los objetivos de estos formatos, hay que cuidar de no excederse en el diseño, puesto que destacar en exceso puede ser contraproducente (hartazgo, desconfianza, etc.).

En cuanto a su visibilidad, es más significativo el hecho de que pueda verse el documento (ateniendo a su posición, al contraste entre texto y fondo, etcétera), considerando el grado de reclamo esencial en cada caso, que la búsqueda de una relevancia innecesaria y exagerada.

Publicidad creativa muy visible

Por otro lado, la importancia de la legibilidad es obvia, dado que la transferencia del mensaje requiere de su lectura, y si esta es imposible no se producirá la comunicación. Incluso una pequeña dificultad puede frustrar el proceso lector, puesto que habitualmente estos contenidos se encuentran en zonas de tránsito, lo que asegura una mayor cantidad de receptores (casi siempre de paso) en detrimento del tiempo y la calidad de su atención. Por lo tanto, habrá que considerar la adecuación de los rasgos tipográficos a estas circunstancias.

Cartel con buena legibilidad

En este sentido, la sociedad actual produce una sobresaturación de estímulos que habitúa al posible receptor a pasar por alto dichos impulsos, incrementándose la dificultad de captar la atención pública. En relación a estos aspectos, las técnicas comerciales evolucionan constantemente de la mano de los creativos publicitarios produciendo nuevos diseños y conceptos que permitan destacar con respecto al resto. Para ello, recurren al uso de colores llamativos, trasgresiones estéticas, incorporar movimiento, efectos ópticos e ilusiones, despertar el morbo o la curiosidad, incentivar los deseos e instintos primarios (hambre, lujuria, etc.), producir melancolía, confundir y desconcertar, recurrir a rostros famosos o reconocibles, u otras muchas posibilidades.

Sobreestimulación de publicidad en Times Square (© Fotografía: Manu Padilla / Shutterstock.com)

 Ejemplo

Las grandes franquicias de hamburgueserías suelen colocar sus logotipos (reconocibles por todos) en postes altos iluminados por la noche, lo que permite su visualización e identificación desde gran distancia.

En cuanto a la adaptación a las condiciones contextuales, cabe destacar la ausencia de luz natural. La oscuridad nocturna ofrece la posibilidad de resaltar contenidos haciendo uso del contraste lumínico.

Esto da pie a la aparición de diferentes formas de destacar el cartel: iluminación directa, retroiluminación o autoiluminación.

 Definición

Autoiluminación

Por autoiluminación se hace alusión a aquellos elementos que irradian luz por sí mismos, como las pantallas, los leds, los neones, etc.

Como norma general, estos formatos están asociados al desplazamiento, bien sea el receptor quien se mueve (al pasear frente a comercios, en los anuncios de las escaleras mecánicas, en la publicidad de las paradas de metro, etc.), o bien sea el cartel el que se mueve (los coches o autobuses con propaganda, los hombres-anuncio y las azafatas promocionales, la publicidad en globo o avioneta mediante grandes carteles, etc.). Sin embargo, merece una mención especial la valla publicitaria asociada al transporte en automóvil, puesto que generalmente se asocia a una mayor velocidad y el tiempo de atención es menor, así que requieren de una mayor concisión y eficiencia comunicativa.

Valla publicitaria junto a una carretera

Actividades

21. Encuentre una valla publicitaria en la que considere que su legibilidad o visibilidad no son apropiadas, fotografíela y comente por qué causas le parece así.
22. Mencione un ejemplo, diferente a los ya citados, de uno de los formatos vistos en este apartado en los que el documento se desplace respecto al receptor y otro en el que sea el receptor el que se esté moviendo en relación al documento.

En resumen, cualquiera de los formatos destinados a un público indiscriminado (vallas publicitarias, cartelería exterior, publicidad móvil, rótulos, etc.) requiere que se facilite la transmisión y entendimiento del mensaje, para lo que la tipografía, aun debiendo sugerir un valor estético o destacar visualmente, tendrá que ser nítida y muy legible bajo las condiciones requeridas. De este modo, tanto los contenidos textuales como gráficos tendrán que adaptarse al contexto.

Aplicación práctica

Desde una frutería recién abierta en una estrecha calle del centro de su ciudad se solicita asistencia para el diseño del cartel o rótulo del local. El propietario pretende un diseño llamativo, sugiriendo un panel LED de 2x3 metros, ocupando todo el ancho superior de la fachada. ¿Qué le comentaría y qué propuesta alternativa le ofrecería?

SOLUCIÓN

Dicha instalación tendría un coste alto y un consumo elevado para un negocio modesto como una frutería. Además, seguramente no se adecue al contexto, dado que a causa de la estrechez de la calle es probable que no fuese visible desde demasiado lejos, por lo que no sería una opción acertada.

Sería más económico y apropiado decantarse por un par de carteles, uno principal en la parte superior de la fachada (aunque de menor tamaño que el sugerido por el propietario) y otro más reducido perpendicular a la fachada, para que se viese desde lejos. Ambos carteles, con una iluminación directa.

Continúa en página siguiente >>

<< Viene de página anterior

Propuesta de cartelería para frutería

6.4. Pequeños formatos; tarjetas de visita, *flyers*

Por pequeños formatos se hace referencia a aquellos cuyas dimensiones son, comúnmente, semejantes o inferiores al DIN-A6, es decir 148x105 mm.

Esta clase de documentos está concebida para su distribución en mano, por lo que suelen tener unas medidas bastante reducidas. Este escaso tamaño facilita su movilidad y almacenaje, permitiendo que se conserven en una cartera, un portafolio, un bolso, entre las páginas de un libro o libreta, un bolsillo, etc. Por todo ello, suelen estar destinados a funciones informativas o de contenidos de consulta.

Dada su versatilidad, dentro de esta agrupación se pueden encontrar muestras tan dispares como marcapáginas, tickets o entradas, tarjetas identificativas, calendarios o almanaques, vales promocionales, pulseras de eventos, hojas publicitarias *(flyers)* o tarjetas de visita.

 Definición

Flyer
Es un formato de documento publicitario muy sencillo y de tamaño reducido (en torno a 10 x 15 cm o inferior) que se distribuye en mano al receptor o mediante buzoneo.

En general, estos documentos deben presentar la información de manera clara y concisa, dado que no suelen tener un periodo de atención demasiado amplio, primando la comunicación de un contenido escueto sobre la aglomeración de mensajes que pasarán desapercibidos.

Particularmente, los **flyers** o volantes publicitarios representan una de las muestras singulares de mayor uso de este formato. Esto es así debido a su razonable eficacia publicitaria (pese a su escasa tasa de respuesta) en relación al moderado coste de producción.

 Definición

Tasa de respuesta
Se entiende por tasa de respuesta al porcentaje de usuarios o consumidores que reaccionan al condicionamiento publicitario de una determinada campaña o anuncio.

Habitualmente, se reparten indiscriminadamente por buzones o, directamente, en mano. Por esto, gran parte de la producción es ignorada por completo y desechada. Sin embargo, existe una cuota de receptores que dedica una atención, normalmente mínima, al documento, presentándose una oportunidad de captación o difusión del mensaje.

Desecho de flyers por el suelo

En este sentido, el *flyer* debe poseer un contenido poco extenso presentado de forma sencilla y atractiva. Para ello, hay que recurrir a tipografías que ofrezcan una buena legibilidad, aunque sin redundar en fuentes excesivamente básicas y comunes, dado que no se tratará de un cuerpo de texto extenso.

Además, habrá que cuidar el uso de colores, contrastes, variaciones de tamaño o tipos de letra para evitar el tedio del cliente o consumidor potencial. Igualmente, la incorporación de recursos gráficos supondrá un aliciente para el porcentaje de lectores que atienda al documento, aunque un uso excesivo de los mismos pueda despistar y resultar contraproducente.

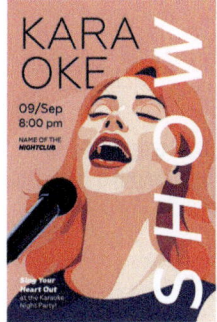

Ejemplo de flyer

Por su parte, el uso de las **tarjetas de visita** como método de introducción o presentación profesional se ha convertido en un convencionalismo formalmente admitido en entornos de trabajo. Por ello, la evolución de las mismas ha pasado de modelos repetitivos casi miméticos, en los que los datos elementales (nombre, cargo o profesión, contacto, etc.) aparecían con una tipografía clásica o caligráfica en el centro del papel, a variaciones personalizadas y complejas de gran singularidad.

 Actividades

23. Decida qué contenidos incorporaría en un *flyer* que promocionase la inauguración de un nuevo comercio que abriese en su barrio o ciudad.
24. Consiga una tarjeta de visita y dibuje el boceto de una alternativa posible que usted imagine, considerando que pueda presentar los mismos u otros contenidos.

De este modo, se entiende que el diseño de una tarjeta de visita habla de quien consta en ella, por lo que la creatividad y personalización de las mismas ha llegado a grados inimaginables. El uso de composiciones de todo tipo con variaciones tipográficas, la incorporación de recursos gráficos o, incluso, la transgresión de los contenidos ha llegado a ser algo habitual.

Nota

Determinadas tarjetas ni siquiera contienen el nombre de la persona o la empresa a la que hace referencia el teléfono o e-mail de contacto, sino que incluye un eslogan o frase sugerente que invite a la curiosidad.

Así pues, es la alternancia de formatos, materiales, procesos de escritura (perforación, grabado, etc.) o incluso forma de uso, lo que actualmente puede considerarse una particularidad creativa relevante.

Ejemplo de tarjeta de visita creativa

En estos documentos, el periodo de incertidumbre o duda en el que se decide si se ofrece una oportunidad a la observación del contenido o se desestima definitivamente, es fundamental conseguir una respuesta inicial positiva, por lo que la configuración de la apariencia será determinante.

Importante

Una cita atribuida a Coco Chanel, dice que "no hay una segunda oportunidad para causar una buena primera impresión". Igualmente, el dicho popular reza que "la primera impresión es la que cuenta". Así que, aunque siempre sea importante, la valoración inicial del producto, será esencial para el éxito estos formatos.

6.5. *Packaging;* carpetas, *packaging* de productos

Se denomina **packaging** al modo en que un objeto o producto comercial es embalado, empaquetado, etiquetado o envasado. De igual forma, se utiliza este término para hacer referencia al conjunto de procedimientos técnico-artísticos que participan en este proceso.

Muestra de empaquetado creativo de pan

No obstante, la principal diferencia entre lo que ahora se denomina *packaging* y el empaquetado común es el incremento de aspectos que se tienen en consideración en el primero.

Si bien el método tradicional se limitaba a proteger y facilitar el apilamiento del contenido, el *packaging* tiene en consideración otras variables:

- **Seduce:** la intención del diseño es funcionar como reclamo atractor, que despierte la curiosidad de los potenciales consumidores o usuarios por el envoltorio. Una vez enfocados en el contenedor, reciben la información sobre el contenido

- **Incita** (el consumo): está probado que los contenedores atractivos mejoran la opinión acerca del contenido, es decir, que la acertada presentación de un producto representa un valor añadido a la hora de reflejar su éxito comercial.

- **Informa:** cualquier mensaje que se desee transmitir al cliente potencial debe estar incluido en la envoltura o etiquetado, de manera que la forma en la que se presenten los contenidos y qué información se incorpore ayudará a condicionar la imagen que el público se hará del producto.

- **Protege:** todo bien comercial, una vez empaquetado, es sometido a una serie de procesos que pondrán a prueba la resistencia del embalaje (transporte industrial, apilamiento, desplazamiento comercial, accidentes puntuales, etc.). Dependerá del adecuado diseño y resolución del envase que el producto llegue en perfectas condiciones, sin rupturas u otros desperfectos.

- **Ordena:** el apilamiento y compactación de productos empaquetados tiene una importancia mayúscula en el modelo comercial actual, dado que una mejor eficiencia de ordenación repercute en una agrupación más densa, es decir, más productos en menos espacio, lo que se traduce en un volumen de almacenaje menor y un número mayor de cajas por medio de transporte. En definitiva, cuanto más eficaz es la ordenación, menos costes logísticos aparecen, lo que permite una elevada competitividad de precios y unos márgenes de beneficios superiores.

Algunos útiles de embalaje de protección

En cualquier caso, en algunos de los empaquetados es posible diferenciar especializaciones de las diferentes partes del *packaging,* entre las que se encargan de cuestiones meramente funcionales y las que consideran aspectos visuales o informativos.

Ejemplo

Algunos productos electrónicos vienen dentro de bolsas de plástico comunes o acolchadas para prevenir arañazos o hipotéticas salpicaduras. Seguidamente, se encuentran en carcasas de cartón o plástico que impiden su movimiento, para reducir el deterioro por golpes. Por último está la caja, cuyo diseño influye en su apilación y contiene la imagen y otros datos.

A la hora de intervenir sobre un *packaging,* el maquetador o diseñador puede incorporar tanto recursos textuales como gráficos. Aunque la libertad de diseño o voluntad comunicativa prevalece sobre cualquier estereotipo tipográfico, por lo que pueden incorporar todo tipo y tamaño de letras siempre y cuando concuerden con el mensaje a transmitir, es importante considerar que debe existir un perfecto entendimiento por parte del lector puesto que en caso contrario los contenidos que se pretendan comunicar no llegarán a su destinatario.

Recuerde

Para el creativo o diseñador, el *packaging* es el medio de interacción y comunicación directa con el consumidor, por lo que su participación en el éxito del producto dependerá del acierto en esa capa externa.

Actividades

25. Seleccione algún producto que tenga en casa, analice su envase o envoltorio y comente qué sensaciones percibe como consumidor.
26. Busque en Internet algún empaquetado que le guste y explique qué mensaje cree que se desea transmitir con él.

Mientras que las carpetas o estuches representan contenedores de otros productos editoriales, y por lo tanto deben presentar un importante grado de coherencia entre ambos, el *packaging* de productos posee una mayor libertad, quedando influenciado por todo tipo de tácticas comerciales y publicitarias, que pretenden la captación de consumidores a toda costa.

Envase y etiquetado de botellas de vino

En todo caso, ante un proceso de diseño de embalaje, empaquetado o etiquetado, el diseñador tiene que considerar diferentes aspectos relacionados con el producto o la empresa productora. En este sentido, el envoltorio podrá reflejar una determinada apariencia, que se traducirá en una interpretación por parte de los consumidores (lujo, ecológico, sofisticado, divertido, etc.).

Igualmente, la identidad del producto, en sí, o la marca o compañía que se encuentren detrás del mismo puede tener su reflejo en el envase, mediante logotipos, iconos o tipografías reconocibles. Además, la definición del empaquetado puede y debe tener en cuenta otros aspectos funcionales relacionados con el producto (sistema de apertura, reutilización de la caja, condiciones especiales de uso, etc.). De cualquier modo, la mayor diferencia entre un proyecto de *packaging* y cualquier otro documento editorial, será la adaptación de contenidos a la intención comunicativa de un producto comercial (o a la marca) y a unas especificaciones funcionales concretas.

 Aplicación práctica

Asesora a una compañía de relojes para el lanzamiento de una campaña publicitaria sobre unos relojes acuáticos y le presentan la siguiente propuesta como embalaje. ¿Le parece acertado el uso de la tipografía?

Embalaje de relojes acuáticos

SOLUCIÓN

Considerando el concepto del *packaging,* que introduce el reloj en bolsas transparentes llenas de agua para demostrar el funcionamiento del producto en esas condiciones, hay que reconocer el acierto de la campaña.

Continúa en página siguiente >>

‹‹ Viene de página anterior

Con esta propuesta se opta por una solución minimalista en la que se deberían simplificar y reducir los contenidos. Hay dos tipos de letra diferentes: una pertenece al logotipo de la marca y la otra es el lema comercial *"engineered for water"* ("diseñados para el agua"), impreso en *sans serif.* Aunque sería preferible una única fuente, su uso está justificado, resultando un contenido tipográfico sencillo y cristalino, como el envase.

En definitiva, es una solución acertada.

6.6. Formatos digitales; *banners*

Las publicaciones en formato digital son aquellas que, en lugar de ser impresas, se elaboran para ser mostradas en pantallas (televisores, monitores de ordenador, teléfonos móviles, *tablets,* etc.).

Se trata, por lo tanto, del medio de publicación de páginas web de todo tipo (incluyendo las ediciones digitales de periódicos y revistas), aplicaciones, interfaces de programas, blogs y redes sociales.

Ejemplo de periódico en formato digital

Cualquiera de estas posibilidades representa un condicionamiento en relación a las dimensiones de la pantalla en la que se presente y a la resolución configurada en la misma. Es decir, las condiciones tipográficas tendrán que asegurar una lectura cómoda y fácil, tanto en tamaños grandes como en reducidos. Un texto o imagen que se visualice en una pantalla de 10 pulgadas (en una *tablet)* ocupará un tamaño mucho menor que si se muestra en una pantalla de 40 pulgadas (de un televisor). En todo caso, las posibles problemáticas diferirán en relación al tipo de contenido del que se trate.

Nota

Algunas páginas web poseen una presentación convencional para visualizaciones desde ordenadores y una adaptada a móviles y *tablets.*

Mientras que los principales problemas de un texto radicarán en la dificultad, o imposibilidad, de lectura por el inadecuado tamaño del mismo, los recursos gráficos con insuficiente calidad perderán nitidez y definición, lastrando la calidad del producto.

Por todo ello, es imprescindible conocer el intervalo de tamaños de pantalla para los que se concibe un producto (cuanto más acotado mejor) o, si es posible, configurar el proyecto para que automáticamente se adapte a las dimensiones de visualización.

 Aplicación práctica

Trabaja en el departamento de diseño de una empresa informática dedicada la elaboración de páginas web, y un cliente cuyo sitio web tiene contenidos mayoritariamente textuales comenta que, al visualizar su página en un móvil, el texto resulta ilegible? ¿Cómo resolvería el problema?

SOLUCIÓN

Dado que la página ha sido desarrollada para pantallas de ordenador (de mayor tamaño) sin prever esta compatibilidad, al visualizarla desde pantallas pequeñas el contenido se reproduce proporcionalmente, por lo que la disminución de tamaño de los textos puede hacerlos imposibles de leer.

Como solución, habría que elaborar una versión adaptada de la página para móviles o *tablets,* en la que la tipografía tuviese un tamaño mayor aun resultando modificada la composición y reduciendo el número de palabras por línea.

En otro sentido, se puede destacar la implantación de formatos publicitarios *online* como un recurso cada vez más extendido. En particular, sus formas más comunes son los **pop-ups** (aunque tenga el mismo nombre por similitud conceptual, no confundir con el desplegable) y los **banners.** Los primeros son ventanas emergentes que se abren en el navegador de Internet que se esté usando bajo alguna condición (pulsar un enlace, pasar el cursor sobre una parte de la pantalla, etc.) y suelen presentar una configuración idéntica a la de cualquier otra página web, soliendo estar destinadas a objetivos publicitarios o comerciales.

Por otro lado, los segundos son elementos propios de la publicación digital en Internet equivalentes a los anuncios convencionales de la prensa ordinaria, con la particularidad de que aprovechan las posibilidades que les ofrece el medio audiovisual.

Banners destacados en página web

Actividades

27. Entre en una página web a la que suela acceder y localice e identifique los *banners* que contenga. ¿Qué anuncia cada uno y cómo lo hace?
28. Reflexione y conteste: ¿Por qué cree que los *pop-ups* son una forma de publicidad efectiva?

El *banner* es un formato publicitario definido por un recuadro de tamaño variable (aunque el más frecuente es apaisado de 468x60 píxeles) que se inserta en una página web. Este marco puede contener textos e imágenes, animaciones o vídeos (incluso con música o sonido) y su finalidad es difundir su contenido tratando de captar la atención de los usuarios de la página en la que se encuentra. Además de informar, normalmente permite la redirección del usuario que pulsa sobre el mismo a otro sitio web del anunciante.

Sabía que...

Dado que el éxito del contenido de un *banner* depende del número de gente que lo vea, y que pueda interesarle, el coste de publicación aumentará cuanto mayor sea el número de visitantes de la web en la que se inserta.

En cualquier caso, dado que las dimensiones de visualización serán variables, es habitual que en las diferentes publicaciones en formato digital se suela optar por tipografías de gran legibilidad en todo tipo de tamaños, siendo especialmente frecuentes las *sans serif* (*Helvetica, Arial, Gill Sans, Verdana,* etc.), salvo que se trate de fuentes vinculadas a la marca anunciante.

7. Introducción a las hojas de estilo en cascada CSS

Una hoja de estilo es un conjunto de propiedades que puede tener asignado o aplicado un fragmento de texto, pudiendo contener y definir los parámetros habituales de una tipografía: fuente, tamaño, color, alineación, etc.

En particular, la **hoja de estilo CSS** *(Cascading Style Sheet,* en inglés) es una particularización destinada a definir las características de publicación de documentos escritos en lenguaje de marcas (HTML, XML, SVG, etc.), aunque su utilización más común es en el diseño de páginas web.

Su principal ventaja es la separación de los aspectos estéticos o visuales del contenido, lo que posibilita la modificación de los atributos aplicados a un texto de forma global.

 Ejemplo

Cambiar el color de letra de un texto de 500 páginas de forma manual llevaría un tiempo enorme, que se resuelve modificando una sola palabra con las hojas de estilo.

Además, se pueden crear hojas de estilo independientemente del contenido de una web o publicación. Esto es posible dado que se puede recurrir a una hoja de estilo externa (guardada en un archivo independiente) para ser aplicada sobre un documento.

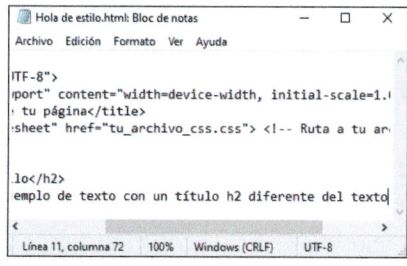

Aplicación de hojas de estilo en cascada

Se denominan **en cascada** debido a la singularidad por la que cualquier estilo aplicado a un fragmento de texto continúa afectando a todo el que haya a continuación, hasta que se aplique un estilo diferente.

Recuerde

El uso de hojas de estilos en cascada facilita la aplicación y modificación de aspectos formales del texto de un documento o página web.

8. Resumen

La presencia mayoritaria de contenidos visuales hace que el producto gráfico sea un documento adecuado para una comunicación rápida (presentaciones comerciales o profesionales, publicidad, etc.) dado que pretende manifestar y transmitir una aproximación superficial a su información o contenido mediante un golpe de vista.

Por todo ello, los diferentes tipos de recursos gráficos (ilustraciones, fotografías, dibujos, etc.) que puedan formar parte de esta clase de productos siempre deben redundar y concordar con la intención comunicativa del documento, evitando elementos irrelevantes o anecdóticos que puedan confundir al receptor.

Aunque tengan menor relevancia que las imágenes en los productos gráficos, es necesario cuidar tanto los contenidos textuales como su presentación, puesto que complementan, matizan o aclaran el mensaje expuesto visualmente.

De cualquier manera, existen múltiples formatos posibles en los que se puede presentar un producto gráfico y cada uno de ellos tiene unas particularidades que necesitan ser consideradas a la hora de utilizar unos recursos textuales y gráficos que resulten adecuados para alcanzar resultados que transmitan la información deseada de la forma requerida.

Ejercicios de repaso y autoevaluación

1. **Señale si las siguientes afirmaciones son verdaderas o falsas.**

   a. La calidad de una imagen ráster impresa dependerá tanto de los bits por píxel como de los puntos por pulgada.

   ☐ Verdadero
   ☐ Falso

   b. El formato PNG permite la animación.

   ☐ Verdadero
   ☐ Falso

   c. Una infografía puede contener dibujos, ilustraciones, símbolos y textos, aunque nunca fotografías.

   ☐ Verdadero
   ☐ Falso

2. **¿Cuál es la diferencia esencial entre editor y procesador de texto?**

   _____
   _____
   _____
   _____

3. **Cuando en un documento que se publicará de forma digital se inserta un recurso gráfico, este deberá tener...**

   a. ... una resolución adecuada para un DIN-A1.
   b. ... una resolución que considere el tamaño de visualización.
   c. ... 300 ppp.
   d. ... no menos de 8 bits por píxel.

4. ¿Qué formato de archivo digital posibilita la deformación de su contenido sin pérdida de calidad?

    a. La imagen orientada al objeto.
    b. El mapa de bits.
    c. El objeto gráfico de contorno.

5. ¿Qué objetivo se busca con la introducción de un *banner* en una página web?

6. Identifique cuáles de los elementos de la siguiente lista son productos gráficos:

    a. Novela negra.
    b. Caja de cereales.
    c. Postal.
    d. Cuaderno de notas.
    e. Listín telefónico.
    f. Bolsa de grandes almacenes.
    g. Poster.

7. ¿Qué variables puede usar el diseñador para conseguir que un recurso gráfico destaque en mayor o menor medida?

8. Relacione cada función con el formato estandarizado.

    a. Informe profesional
    b. Recordatorio
    c. Plano técnico

    ___ DIN-A6
    ___ DIN-A1
    ___ DIN-A4

9. ¿Qué ventajas presenta la composición de textos con programas de edición vectorial respecto a los convencionales?

_____
_____
_____
_____

10. Relacione cada tipo de formato gráfico con su característica:

    a. Ilustración.
    b. Fotografía.
    c. Dibujo.
    d. Icono.

    ___ Elemento gráfico complejo con mensaje implícito propio.
    ___ Recurso gráfico de fácil lectura que representa un concepto determinado.
    ___ Plasma escenas tridimensionales en imágenes planas.
    ___ Es resultado de un proceso de síntesis y abstracción.

11. Defina el *packaging*.

_____
_____
_____
_____

12. ¿Cómo se conoce al documento que se presenta plegado sobre sí mismo desde sus dos extremos opuestos?

    a. Díptico.
    b. *Flyer.*
    c. Desplegable tipo acordeón.
    d. Desplegable tipo ventana.

13. Defina qué es una hoja de estilo CSS.

_____
_____
_____
_____

14. Señale si las siguientes afirmaciones son verdaderas o falsas.

    a. El intercambio de ficheros de productos gráficos a través de la red se resuelve mediante correo electrónico, a causa del reducido tamaño de dichos archivos.

        ☐ Verdadero
        ☐ Falso

    b. Los programas de maquetación no permiten hacer la composición de un texto importado.

        ☐ Verdadero
        ☐ Falso

    c. El formato de gran calidad TIFF es de tipo imagen vectorial.

        ☐ Verdadero
        ☐ Falso

15. ¿Cuál de los siguientes aspectos no es necesario tener en cuenta a la hora de decidir los componentes de un determinado formato de publicación?

    a. Las dimensiones del soporte.
    b. Si se mostrará en pantalla o se imprimirá.
    c. La intención comunicativa.
    d. La distancia a la que se verá.

Capítulo 3

Elaboración de maquetas de productos gráficos

Contenido

1. Introducción
2. Metodología de la creación de maquetas de productos gráficos
3. Materiales para la creación de maquetas
4. Creación de maquetas
5. Impresión de maquetas
6. Creación de maquetas de *packaging*
7. Calidad en las maquetas
8. Resumen

1. Introducción

La elaboración de productos gráficos es un proceso complejo en el que, desde la fase inicial de definición de objetivos hasta la configuración de una respuesta en forma de documento terminado, se suceden posibles variaciones y modificaciones del diseño. Además, siempre suele existir un determinado grado de discrepancia entre la salida en pantalla del trabajo sobre el archivo informático y su plasmación impresa.

Por todo ello, la elaboración de una maqueta que dé respuesta a algunas de estas incertidumbres (concordancia de colores, tamaños de textos e imágenes, etc.) es una forma habitual de obtener una prueba sobre la que tomar decisiones y afinar criterios.

Igualmente, es frecuente que a lo largo de todo este desarrollo, la intervención de los diferentes agentes implicados pueda llegar a producir discrepancias que requieran de una visualización física concreta que manipular, palpar y observar para sacar conclusiones.

Estas maquetas no solo tienen una función asociada al proceso de diseño, sino que también pueden elaborarse con la finalidad de constituir un registro de la evolución de este proceso o, así mismo, pueden servir para presentar un proyecto, terminado o en una fase intermedia, a un cliente.

2. Metodología de la creación de maquetas de productos gráficos

Se entiende que **una maqueta es cualquier muestra o ensayo de cómo quedará un proyecto,** total o parcialmente, terminado. En este sentido, aunque normalmente el concepto de maqueta suele asociarse a una representación fidedigna del producto tipo, lo cierto es que cualquiera de las posibles pruebas previas también lo son: desde fragmentos del producto incompleto o sin terminar hasta impresiones de tanteo.

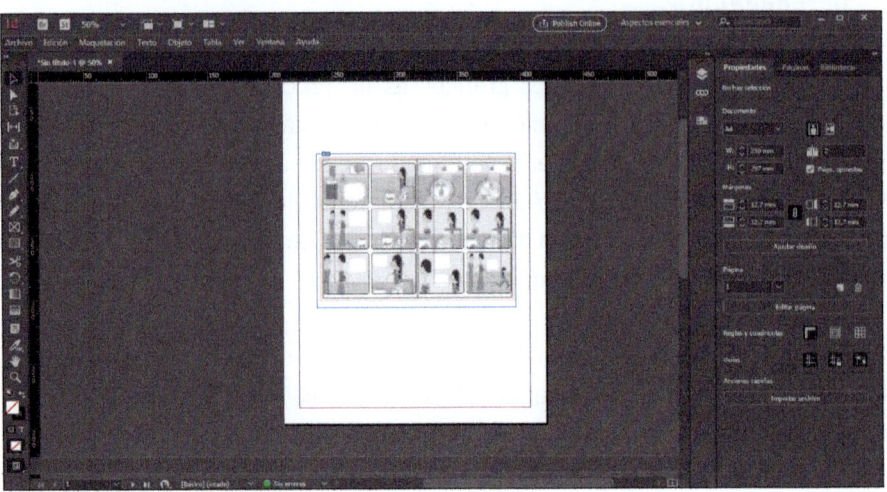

Ejemplo de maqueta de novela gráfica

Es decir, que cada uno de los documentos que permitan cotejar y valorar el resultado del trabajo de un proyecto editorial puede considerarse una maqueta.

Aunque lo habitual es que sean prototipos físicos, ni siquiera es necesario, puesto que el uso de modelos digitales o informáticos es cada vez más habitual en el mundo editorial (especialmente en presentaciones tipo diapositivas).

Siendo estrictos, incluso podría considerarse que los diferentes archivos en los que se trabaja mediante programas informáticos (procesador de texto, *software* de maquetación, etc.) son, por lo tanto, maquetas. Entonces, ¿por qué razón no se entiende así?

La respuesta tiene que ver con un matiz esencial: la maqueta **tiene que reflejar un estado singular y concreto del proceso editorial,** es decir, mostrar un documento definitivo de un proyecto inconcluso (el proyecto solo estará acabado cuando el producto gráfico esté impreso o publicado).

Definición

Maqueta
En el mundo editorial y del diseño gráfico, se entiende por maqueta a aquella representación terminada del estado (pudiendo este estado ser el definitivo) puntual del proyecto de un producto.

Particularizando, en función del grado de desarrollo de una maqueta, estas reciben un nombre diferente en el contexto profesional. Así, se denomina *lay out* al ejemplar que representa el arquetipo del producto editorial definitivo con la mayor fidelidad posible en la apariencia, incluyendo el aspecto de los contenidos o las terminaciones. Sin embargo, no es necesario que este ejemplar tenga que estar realizado con calidades de materiales idénticas, pudiendo llegar a ser un modelo digital.

Por otra parte, se denomina *mock up* (o por el término castellano, **mono)** al prototipo semejante al producto acabado, que suele respetar materiales y procedimientos de montaje, destinado al registro del trabajo o a ser presentado al cliente.

Existe otra variante de maqueta conocida como *dummy* (o **monstruo**, en castellano) que es un modelo muy básico, carente de contenidos textuales o gráficos reales (se recurre a imágenes y textos de relleno), con el que se pretende representar un aspecto terminado de la composición para una evaluación rápida del diseño. En los documentos de varias páginas, es frecuente que se presente como una suma de hojas sueltas fijadas en un panel mediante pinzas, clips o chinchetas.

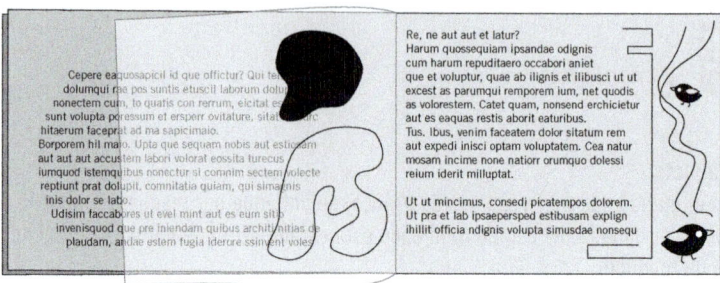

Dummy con contenidos de relleno

En cualquier caso, **el propósito de una maqueta será mostrar una representación más o menos aproximada de un producto gráfico** de un momento particular del proceso que va desde la toma de decisiones preliminares a la publicación del documento, todo ello para analizar y valorar diferentes aspectos del trabajo, como la facilidad de lectura, tamaño de los elementos, condiciones estéticas, etc., posibilitando la modificación o corrección de parámetros y aspectos que se consideren inapropiados o susceptibles de mejora.

 Actividades

1. Si participase en el diseño de una hoja de propaganda con las ofertas de un supermercado de su ciudad para repartir por los buzones, ¿qué elementos cree que debería usar para una maqueta que se utilizase para decidir la maquetación o el diseño inicial?

Ahora bien, un producto gráfico puede tener maquetas muy diferentes en función de la fase de desarrollo en la que se halle el proyecto. Asimismo, para un instante concreto de este proceso se pueden dar infinidad de modelos distintos, a tenor del grado de detalle, el grado de fidelidad de materiales y acabados, etc.

Ejemplo

De la maqueta que pueda producirse para decidir la composición inicial a la que se realice para comprobar la legibilidad variará tanto el grado de detalle como la distribución de elementos o el diseño.

Entonces, **la posible concreción del modelo dependerá directamente de la finalidad** particular al que este vaya destinado. Por ello, a la hora de comenzar a elaborar una maqueta, habrá que plantearse qué objetivo se busca, pudiendo ser:

- Presentar una muestra del trabajo al cliente.
- Valorar aspectos estéticos, compositivos o de diseño.
- Analizar y comprobar cuestiones de funcionalidad.
- Guardar un registro del proceso.

Ejemplo

Para que el propio autor evalúe el tamaño y proporción de las imágenes de un proyecto, se puede recurrir a una impresión rápida y de baja calidad, que en ningún caso sería aceptable para presentar el avance de un proyecto a un cliente.

Una vez definido el objetivo del modelo, habrá que sopesar los dos principales aspectos que condicionan la maqueta: el tiempo y el dinero.

El tiempo disponible es un factor que limitará la calidad de la maqueta en tanto imposibilite el uso de determinados procedimientos (impresiones industriales, encuadernados, etc.) que requieran externalizar los procesos (llevarlos a una imprenta, a una empresa especializada, etc.) o, al menos, tengan una duración excesiva.

Por otro lado, la cuestión económica siempre supone un hándicap al crear una maqueta, dado que el precio de los materiales, acabados y demás procesos de producción tiende a dispararse en tiradas pequeñas (y, especialmente, en las únicas). Por lo tanto, en función de la finalidad a la que se destine la maqueta se podrá (y deberá) recurrir a opciones más costosas o más baratas.

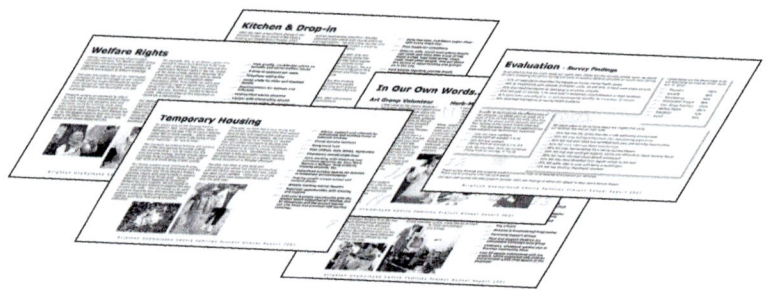

Ejemplo de maqueta de bajo coste, sin encuadernación e impresa en blanco y negro

 Nota

En general, se suelen realizar maquetas con un coste muy reducido, o al menos moderado, cuando son para uso propio del autor o autores (revisiones de composición, comprobaciones de funcionalidad, etc.) y modelos mejores y más costoso cuando se va a exponer a un cliente o impresor.

En este sentido, el conjunto de disposiciones determinadas en torno a la creación de la maqueta que aludan a cuestiones estéticas y de funcionamiento tendrá una incidencia esencial sobre el modelo resultante. Por lo que de la buena toma de decisiones dependerá la mejor o peor representatividad de la maqueta respecto al producto definitivo, lo que supondrá una mejor evaluación de resultados que permita afinar en los posibles cambios del diseño.

Importante

Las decisiones que tengan repercusión sobre una maqueta deben ser concretadas de manera minuciosa, sabiendo que tanto la funcionalidad como la calidad del ejemplar dependerán de dichas elecciones.

Resumiendo, el procedimiento de creación de maquetas es un desarrollo del que debe resultar un modelo que, dentro de sus limitaciones, refleje con fidelidad uno o varios aspectos deseados del producto editorial al que representa.

 Actividades

2. Reflexione y responda a la siguiente cuestión. ¿Por qué piensa que los modelos de encargos que se muestran a los clientes suelen tener un coste más elevado que los que se dedican a uso de los autores o diseñadores?

 Aplicación práctica

Explique brevemente cómo sería el proceso de pruebas con maquetas que realizaría durante la elaboración de un calendario benéfico de pared en A3 que realizase por encargo para una asociación de niños con trastornos de conducta.

Continúa en página siguiente >>

<< Viene de página anterior

SOLUCIÓN (Propuesta)

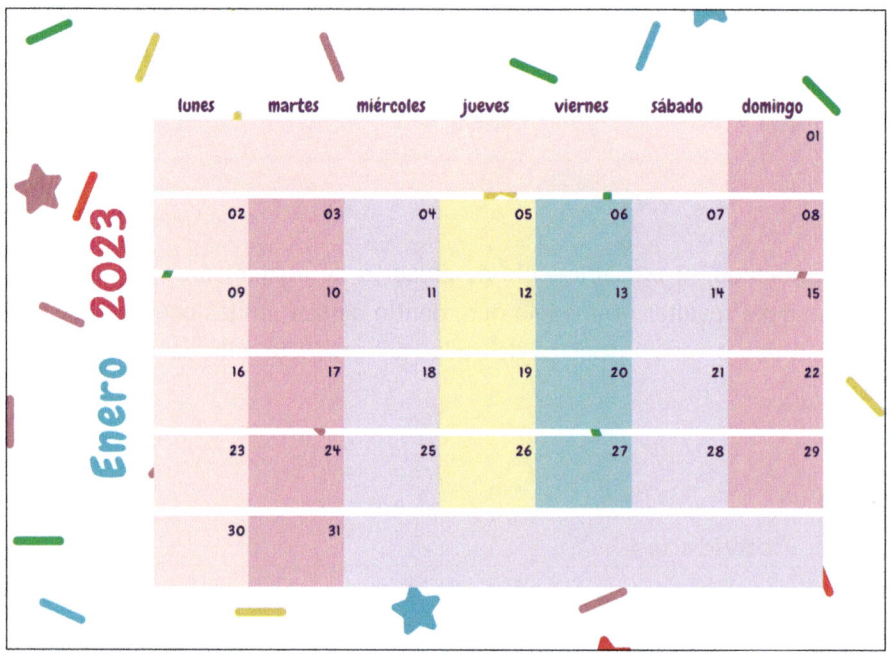

Prototipo de calendario a elaborar

Para empezar con el diseño, la valoración de la composición se podría comprobar sobre impresiones de rápidas en a4, en las que se insertasen elementos no definitivos (alguna imagen, los días y el mes) sin valorar el contenido gráfico o los aspectos tipográficos, solo los estéticos.

Una vez decidido el diseño, se pasarían a concretar los textos y detallar los recursos gráficos. Tras esto, se imprimiría en a3 sin mucha calidad, para evaluar que se pueda leer con claridad y que los contenidos se perciban adecuadamente.

Por último, aunque no sea imprescindible, sería recomendable una maqueta fiel a la reproducción del producto final (técnica de impresión, calidades de materiales, etc.) para asegurar que el resultado es satisfactorio antes de pasar a la producción de una tirada mayor.

 **Nota**

Todo lo que se aporte al proyecto (imágenes, diferentes grafismos, colores, etc.) debe reforzar el mensaje que se quiere transmitir.

3. Materiales para la creación de maquetas

Pese a que una maqueta pueda presentarse como un modelo tridimensional digital, es normal que se realice algún ejemplar físico, al menos en los casos en los que el producto final se vaya a imprimir.

Es decir, en general, salvo las publicaciones digitales (páginas web, *banners,* presentaciones en pantalla, etc.) la maqueta de todo producto gráfico necesita tener un reflejo en un objeto real. De este modo, la materialización del proyecto puede ir desde la impresión más elemental hasta la aplicación de todo tipo de acabados o procesados que repercutan en aspectos funcionales (durabilidad, portabilidad, etc.) o visuales (énfasis, atracción, etc.).

De cualquier forma, la constitución de un modelo real requiere de un soporte y unas técnicas que dependerán necesariamente del uso de unos determinados materiales característicos del mundo editorial.

En este sentido, el mínimo elemento que se necesita para componer la maqueta de un producto gráfico es una superficie de cualquier tipo. Sin embargo, aunque este pueda ser de una naturaleza muy heterogénea (telas, plásticos, maderas, etc.), **la mayor parte de estos productos suele plasmarse sobre el más sustancial de ellos para esta industria: el papel.**

Muestra de diversos papeles

 Sabía que...

La explotación forestal con usos comerciales asociados al papel tiene un enorme impacto sobre los bosques, llegando a suponer una extracción de hasta 600 millones de metros cúbicos de madera.

Papel y derivados

El papel es un material desarrollado por el hombre a partir de pasta de celulosa, un derivado de la madera, como materia prima, que se obtiene mediante el triturado y molido de la parte interna de tronco y ramaje de algunas maderas blandas (desechando la corteza), produciendo unas fibras que se mezclan con agua para dar lugar a la pasta.

esta se le incorporan diferentes aditivos (blanqueadores, coagulantes, etc.) en función de las propiedades que se le quieran conceder, para terminar compactándolo, extendiéndolo y secándolo.

Este proceso de elaboración le otorga unas propiedades que lo convierten en un producto idóneo para su impresión. Esto es debido a que su estructura material se compone por un entramado de fibras de tamaño ínfimo entre las que existen unas oquedades que absorben y retienen las tintas y pigmentos, propiciando, por lo tanto, su aplicación en el medio editorial.

En función de los componentes, aditivos y procedimientos de manufacturación del papel, será posible encontrar infinidad de variedades: con pigmentación, con distintos gramajes, con estampados, con diversas texturas, con mayor o menor compactación, con acabados superficiales de todo tipo, etcétera.

 Definición

Gramaje

Es un parámetro propio de elementos sustancialmente planos (como papel, cartón, láminas de plástico, etc.), típicos del medio editorial, que define la densidad superficial, o lo que es lo mismo, la masa por área. La unidad de uso más frecuente es el gramo por metro cuadrado (g/m^2).

Dependiendo de la variante, estos se pueden encontrar en los formatos estandarizados (DIN-A1, DIN-A2, DIN-A3, etc.) o en grandes bobinas continuas de uso industrial, que pueden llegar a superar la tonelada de peso.

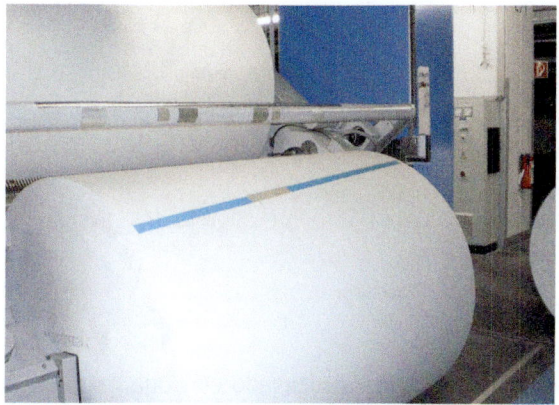

Bobina de papel industrial

Aunque en el uso cotidiano el papel más consumido es el común, blanquea-
do y de un gramaje entre 80 y 120g/m^2, o algunas variantes con estampados
a línea o cuadriculados (típicos del uso escolar), hay una gran diversidad de
posibilidades, de las que se ofrece aquí una muestra de las más habituales:

- **Absorbente:** suave, esponjado y muy poroso, por lo que recoge mucha
  tinta en su impresión.
- **Acuarela:** grueso, poroso y, normalmente, con algo de textura. Se denomina así porque su uso es muy apropiado para esta técnica pictórica,
  dado que permite absorber mucho pigmento y agua sin deteriorarse o
  presentar una ondulación excesiva
- **Alfa:** es un papel de gran calidad y gramaje con una parte de fibras de
  algodón, que además de usarse en ediciones muy cuidadas, permite la
  aplicación técnicas agresivas como el grabado al buril o aguafuerte.
- **Apergaminado:** dado que el auténtico pergamino se realizaba a partir
  de piel animal, tenía una textura característica que este papel intenta
  emular mediante un tratamiento con ácido.
- **Autoadhesivo:** es el que en una de sus caras presenta una capa de material adhesivo para permitir su fijación por contacto. De uso característico
  en las pegatinas.
- **Autocopiante:** aquel que transfiere lo que se escribe sobre él a la superficie que se encuentra debajo.
- **Biblia:** es muy delgado, y con una opacidad considerable para su escaso
  espesor. Se conoce así por su típico uso en estos libros.

Papel biblia

- **Calandrado:** tipo de papel procesado con una máquina (calandria) que
  lo aplana, reduciendo su grosor y aumentando su lisura.

- **Calco o carbón:** es el que tiene una cara entintada para permitir la realización de copias, intercalándolo entre otros dos papeles.
- **Charol:** delgado, con el anverso de color intenso y brillante, y el reverso blanco.
- **Coloreado:** con sus fibras teñidas mediante la adicción de pigmentos en la fase de fabricación.

Papel coloreado

- **Contraclorado:** compuesto a partir de la aglomeración de fragmentos de otros papeles.
- **Corrugado:** aquel al que se ha dotado de una estructura geométrica no plana (con ondas, zigzag, etc.).
- *Couché,* estucado o satinado: tiene un aspecto brillante, aunque el grado de brillo puede variar al mate o semimate, y ofrece un gran acabado de impresión, especialmente en las imágenes. Además presenta una baja discrepancia entre el color de impresión y el de pantalla.
- **Crespón:** tintado, traslúcido, con una textura similar a una tela muy arrugada y un poco flexible.

Papel crespón

- **Cristal:** es un papel de bajo gramaje, traslúcido, suave, bastante rígido y muy resistente al agua y las grasas, al ser poco permeable.
- **De barba:** papel blanco natural, sin aditivos, con textura irregular y, normalmente, bordes desiguales.

Papel de barba

- **De estraza:** de color grisáceo, sin blanquear, es muy resistente, áspero, bastante impermeable y económico, por lo que se suele usar para envolver alimentos en los mercados.
- **De seda:** de muy poco gramaje, traslúcido y, normalmente, coloreado. Se manipula, y arruga, fácilmente, por lo que es común su uso para manualidades y trabajos infantiles.
- **Estampado:** con cualquier tipo de diseño o dibujo plasmado sobre el papel, incluyendo el cuadriculado, milimetrado (trama ortogonal de un milímetro de lado) o rayado.
- **Fotográfico:** de mucho gramaje y satinado (con brillo o mate), permite una impresión de gran calidad y definición, especialmente de las imágenes.
- **Japonés:** delgado, traslúcido, con buena rigidez, un poco satinado y se quiebra y rompe con facilidad.

Papel japonés

- ***Kraft:*** de cierto espesor, es muy resistente, de tonos ocres y bastante barato, por lo que se suele usar para envolturas y para constituir cartones.
- **Metalizado:** con una o dos caras cubiertas con una película de apariencia metálica.
- **Mineral o de piedra:** está compuesto por carbonato cálcico y polietileno, con lo que no es de origen vegetal y se usa como alternativa sin impacto ambiental. Tiene un color blanco intenso sin necesidad de aditivos, es muy suave y puede tener un gramaje y espesor variable.
- ***Offset:*** papel con poco tratamiento, de blanco natural, sin brillo, muy poroso (por lo que absorbe mucha tinta) con una suave textura. En general, consigue una impresión de colores más apagados y con menor definición fotográfica, en especial en las imágenes de pequeño tamaño.

Papel offset

- **Preengomado:** con una película de adhesivo que requiere de un activador (normalmente agua) para empezar a pegar.
- **Reciclado:** aquel papel que está elaborado con pasta de celulosa obtenida del procesado de papel ya usado y desechado.
- **Tisú:** de escaso gramaje, flexible, muy suave y bastante absorbente.
- **Vegetal:** muy delgado y traslúcido, de gran lisura, de manejo delicado y con textura suave.
- **Verjurado:** tradicionalmente hecho a mano, es grueso, resistente y se caracteriza por tener unas delgadas estrías longitudinales.

Papel verjurado

Actividades

3. Investigue y consiga identificar tres variedades de papel diferentes a los mencionados en este apartado.
4. Seleccione cinco tipos de papel de entre los expuestos anteriormente y encuentre un producto gráfico en el que se utilice cada uno de ellos.

Nota

Se manera coloquial, se suele denominar cartulina a cualquier tipo de papel de mucho gramaje (por encima de 200g/m²), especialmente a aquellos que tienen un color diferente al blanco.

El consumo de papel necesita del abastecimiento a partir de la madera como materia prima, lo que supone un consumo de madera muy importante. Para evitar, en la medida de lo posible, la incidencia ambiental de la industria gráfica se recurre al reaprovechamiento de los residuos o productos desechados.

El reciclaje del papel se basa en la reintroducción de los papeles ya utilizados y rechazados por el usuario (siendo depositados en los contenedores habilitados para ello) en el ciclo de producción. Así, libros, revistas, embalajes y demás artículos con base de fibras vegetales son troceados, triturados, lavados y molidos para volver a convertirse en pasta de celulosa con la que fabricar nuevamente papel.

Sabía que...

Aunque hasta hace poco tiempo el reciclaje de productos derivados del papel era mínimo, las numerosas campañas y la concienciación ciudadana ha ido incrementando el porcentaje del papel recuperado hasta sobrepasar el 50 % del papel emitido, con una tendencia todavía creciente.

Más allá del papel, alguno de sus derivados tiene también una importancia significativa dentro de esta industria, como es el caso del **cartón**. Este material se utiliza en etiquetas, cajas y todo tipo de embalajes, cartelería, cubiertas para libros o simplemente como soporte de mayor resistencia para un documento elaborado en una superficie más delicada.

En cualquier caso, el cartón es un material producido a partir de papel, pudiendo establecer una clasificación en función de la naturaleza de su conformación:

- **Cartón compuesto o combinado:** constituido por capas o estratos a partir del apilamiento de múltiples piezas de papel adheridas. El más habitual se conforma a partir de la superposición sucesiva de láminas de papel *kraft* y papel corrugado, siendo el simple un sándwich de corrugado entre dos hojas de *kraft,* y pudiendo repetirse el patrón para ganar espesor. En caso de que el sentido del mecanizado (onda o zigzag del corrugado) sea reiterativo, resultará un cartón más flexible, mientras que si el sentido es alternativamente perpendicular, dará como resultado un producto mucho más consistente.

Diferentes cartones compuestos

- **Cartón compacto:** es un material homogéneo que se compone a partir de fibras vegetales (celulosa), normalmente fruto de la recuperación para reciclado, y algunos aditivos con un proceso similar al papel. No obstante, recibe una mayor compactación y se presenta en mayores espesores, resultando un producto firme y de gran resistencia. De hecho, coloquialmente se le conoce como **cartón piedra.**

Variedad de cartones compactos

Otros materiales

Fuera de estos componentes esenciales y más comunes, hay algunos otros materiales con una presencia reseñable en el contexto de la edición y el diseño de productos gráficos, como son:

- **Madera:** es un material de origen natural compuesto de fibras orientadas, lo que lo dota de cierta flexibilidad y resistencia. En todo caso, tanto estas propiedades como su dureza, textura o color dependerá en gran medida del tipo de madera que sea (pino, acacia, encina, teca, etc.). También es posible encontrar subproductos procesados a partir de esta, como los tableros compactos (compuestos a partir de serrín o partículas de madera y resina sometidos a calor y presión) o los conglomerados (formados de fibras trituradas y una resina aglutinante).

Diversas maderas, cortes y formatos

- **Cuero:** es un material de origen animal, obtenido a partir del curtido de la piel. Es un elemento superficial, plano y con una textura que varía en función del animal del que provenga. Es flexible y tiene cierta resistencia. También existen alternativas sintéticas.

- **Tela:** los materiales textiles pueden tener una procedencia tanto natural como sintética, siendo su conformación a modo de tramado lo que la sitúa en este grupo. Se pueden encontrar de algodón, de lana, de seda, de nailon, de licra, etc.

- **Plástico:** se engloba como plástico al material sintético de estructura molecular compleja que presenta propiedades como ligereza, impermeabilidad, maleabilidad, resistencia química, etc. aunque puedan presentar gran diferencia en cuanto a su dureza, temperatura de fusión, transparencia, color o textura, conteniendo elementos tan dispares como PVC, poliestireno expandido, espuma de poliuretano o polipropileno.

Plásticos variados

- **Metal:** son elementos de origen mineral que se caracterizan por su maleabilidad, flexibilidad, resistencia y por un brillo característico. Se pueden encontrar tanto en estado puro (oro, plata, aluminio, etc.) como en aleaciones o compuestos (bronce, acero, latón, etc.).

Recuerde

Pese a que la presencia de algunos de estos otros materiales es cada vez mayor en la industria gráfica (especialmente el plástico), sigue siendo el papel el componente más frecuente.

En cualquier caso, cada uno de estos materiales tiene unas singularidades que requieren unos procedimientos y técnicas de trabajo particulares.

Actividades

5. Apunte tres productos gráficos en los que el principal soporte de impresión sea el cartón.
6. Encuentre un producto gráfico en el cual su soporte físico se pudiese reemplazar por uno de madera, otro de metal, otro de tela, otro de cuero y otro de plástico. Razone la respuesta.

Elementos complementarios

Fuera de los componentes materiales que conformarán el soporte del diseño (hojas, paneles, carteles, cajas, etc.), existen otros elementos necesarios para transferir los contenidos a esta superficie. Si bien esta información podrá reflejarse mediante procedimientos físicos o mecánicos, lo común será recurrir a técnicas de escritura. En este sentido, lo habitual será que esta función recaiga sobre las impresoras o maquinaria de impresión, que usarán tintas (u otras alternativas como el *toner* de los sistemas láser) para fijar el color sobre el soporte. No obstante, el diseño de productos gráficos ofrece cierta tolerancia (al menos en lo referente a maquetas de trabajo o prototipos) permitiendo el uso de todo tipo de útiles de dibujo (lápices, carboncillo, bolígrafos, rotuladores, etc.) y técnicas artísticas (acuarelas, óleos, grafiti, *collages,* etc.), siempre y cuando puedan digitalizarse para los procesos industrializados.

Además del medio que constituya la superficie de publicación del diseño y de los elementos usados para transmitir la información a dicho soporte, existen otros componentes necesarios para la conformación volumétrica o la presentación de la maqueta. En general, estos se dividen en:

- **Sistemas de unión:** destinados a unificar partes de una misma maqueta para conformar un elemento único o para fijar una determinada forma. Se trata, por ejemplo, de: colas, pegamentos, cintas adhesivas, grapas, hilos, alambres, tornillos, chinchetas, anillas, etc.
- **Sistemas estructurales:** cuya finalidad es constituir un soporte auxiliar para la maqueta, estando generalmente asociada a una determinada presentación. Pueden ser: expositores, trípodes, cuerdas, tensores, caballetes, etc.

 Actividades

7. Encuentre un ejemplo de producto gráfico en el que se utilice un sistema de unión y otro en el que participe un sistema estructural.

En resumen, la maqueta será el resultado de la integración de materiales y técnicas en un proceso destinado a plasmar una representación física de un producto gráfico.

 Consejo

Se han de cuidar los detalles de una maqueta que se vaya a presentar a un posible cliente, puesto que esos aspectos estéticos y funcionales serán los que él pueda valorar. Es decir, no servirá de nada que el diseño sea realmente bueno si el modelo a partir del que se valore el resultado es deficiente.

3.1. Sistemas de impresión digital de pruebas

Es habitual dentro de los sectores editoriales, del diseño gráfico o de la impresión, que antes de iniciar una producción industrial de gran tirada se recurra al uso de pruebas.

Impresión continua de una tirada

 **Definición**

Tirada

Al hablar de tirada dentro de un contexto de fabricación o elaboración en serie, se hace referencia al número total de ejemplares que se producirán (una tirada de 5.000 libros) o al número de productos que se crearán en un determinado tiempo (aquí hay una tirada de 300 cajas por hora).

Estos ensayos facilitan la comprobación y testeo de aspectos mayoritariamente técnicos que posibiliten la valoración del resultado, siendo algunos de estos parámetros:

- La concordancia de color entre pantalla e impresión.
- El contraste cromático.
- La nitidez de contenidos.
- La definición de los contornos.

De manera que estas prácticas permiten realizar correcciones que solventen errores inapreciables de forma previa a la impresión, puesto que tienen que ver con la materialización del archivo digital en relación a aspectos como:

- El tipo de sistema o maquinaria de impresión.
- Las tintas o pigmentos.
- La variedad y calidad del material del soporte de impresión.

La utilización de estas pruebas minimiza el riesgo de tiradas defectuosas (que en función de la tara se comercializan, poniendo en riesgo la imagen del productor, o se desechan, con el correspondiente gasto), lo que supone una menor probabilidad de problemas que puedan afectar al resultado del proyecto editorial.

 **Definición**

Prueba
Una prueba es un ensayo de impresión de tirada única o muy pequeña que sirve para comprobar y corregir un documento antes de proceder a la producción industrial.

Cuando se hacen producciones seriadas o de diseño recurrente, una vez se ha probado y asegurado el resultado de la impresión del producto, es posible obviar la prueba de cada nuevo documento, asumiendo que si solo cambian los contenidos del mismo, el resultado será tan satisfactorio como lo haya sido en tiradas anteriores.

Ejemplo

Si se diseñan unos marcapáginas con portadas de novelas y citas de las mismas, una vez se compruebe la validez de uno de los diseños, no será imprescindible hacerlo con el resto, puesto que se entenderá que el resultado será similar.

No obstante, cuando se producen cambios en los colores usados, en las tintas (u otro elemento de impresión equivalente), en el soporte o en la maquinaria, es necesario realizar pruebas que certifiquen la resolución del producto resultante requerido.

Consejo

Al cambiar de máquina de impresión conviene realizar una prueba aunque se use un dispositivo idéntico, puesto que aun siendo un mismo modelo, puede presentar pequeñas variaciones de funcionamiento que desemboquen en resultados ligeramente distintos.

Aunque habitualmente la utilización de estas pruebas está destinada a comprobaciones de concordancia entre archivo digital y salida impresa o a seguimientos rutinarios del desarrollo del proyecto, ocasionalmente pueden llegar a generarse como elemento de evaluación del proceso de cara a un cliente, pudiendo estar asociados a controles acordados durante el contrato o encargo. Asimismo, en los casos en los que se vaya a externalizar la impresión, puede tener la función de servir de muestra o referencia cromática (gamas, tonos, etc.) al impresor.

Existen diferentes **tipos de pruebas de impresión** (también llamadas de **preimpresión),** cada uno de los cuales presenta unas características bien diferenciadas con sus propias ventajas e inconvenientes:

- **Pruebas *soft* o de monitor:** son aquellas en las que la evaluación se realiza directamente desde la visión en una pantalla (generalmente de buen tamaño) perfectamente calibrada mediante un sistema de gestión de color. No obstante, aunque su absoluta inmediatez es un punto a favor, la poca fidelidad (de color, definición, textura, etc.) respecto a la salida impresa la convierte en una prueba excesivamente básica, cuya función es complementaria
- **Pruebas químicas o rápidas:** han sido las más habituales en la industria editorial, dado que consiguen el resultado de la prueba en unos veinte minutos. En estas, mediante un proceso físico-químico, se consigue reproducir la impresión con una razonable fidelidad. No obstante, los muchos requerimientos que necesitan para funcionar (desde entrada y salida de agua hasta personal cualificado) las hace costosas e inviables para pequeñas empresas o profesionales independientes.
- **Pruebas en prensa:** se realizan en la prensa de pruebas, y reproducen con una altísima fiabilidad el producto final. Sin embargo, su uso se suele limitar a ediciones de calidad, puesto que tanto la maquinaria como la producción suponen un elevado gasto de tiempo y dinero.
- **Pruebas digitales:** el hecho de que las diversas fases del diseño comiencen o, al menos, confluyan en el programa informático de composición (desde el texto escrito en un procesador hasta la fotografía digitalizada y retocada o las ilustraciones vectoriales) simplifica el testeo. Así, la realización de una prueba resulta tan inmediata como ordenar la impresión desde el programa de composición, que enviará los datos a la impresora correspondiente para producir la impresión del archivo.

Actividades

8. Realice una tabla resumen en la que recoja de manera sintética las principales ventajas e inconvenientes de los diferentes tipos de pruebas de impresión.

De este modo, la evolución de los equipos informáticos, sus dispositivos periféricos y el *software* específico ha conllevado la preponderancia de los sistemas de pruebas digitales de forma progresiva, siendo esto así por dos circunstancias esenciales:

- Una reducción considerable de costes.
- Una ejecución más rápida y sencilla.

Actualmente, el mercado ofrece una amplia variedad de modelos o sistemas de impresión digital, siendo los más comunes los de inyección o tinta líquida, los de tinta sólida, los de sublimación de tinta, los de ceras o los de impresión láser.

Impresión digital de prueba

Hay diferentes parámetros que pueden llegar a condicionar tanto la adecuación de un determinado modelo de prueba de impresión como la comprobación y valoración de los resultados de la misma. A continuación, se muestran los principales:

- **Superficie de impresión:** cada tipo de soporte posee unas características propias que lo diferencian de los demás (material, porosidad, espesor, textura, etc.) que influyen en la manera en la que el contenido se imprime en ellos. Por lo tanto, del posible uso de los diferentes tipos de papeles, cartulinas, plásticos, telas, etcétera, dependerá en gran medida el resultado final de la impresión.
- **Color:** la variedad de tintas o pigmentos que utilice el dispositivo de impresión afectará al producto terminado, dado que, en general, cada tonalidad se consigue por combinación de los colores de cada cartucho. Pese a que lo más habitual es que los dispositivos de impresión usen tintas CMYK (cian, magenta, amarillo y negro), hay circunstancias en las que pueden incorporar un número mayor de colores, incluyendo colores específicos como los metalizados, los irisados o las bibliotecas de colores (como *Pantone* o sobre todo HKS).
- **Fidelidad de color:** pese a que la tonalidad que se muestra en pantalla nunca coincida plenamente con el resultado de la impresión, es posible aplicar procesos de calibrado y gestión de color que posibilitan imitar hasta cierto punto el color del archivo digital.
- **Variación del tono:** la definición de la trama que constituye los contenidos mediante determinados sistemas de impresión puede verse modificada por la ganancia o afinamiento del punto. El control de estas variaciones es complejo y no demasiado usual, puesto que supone recurrir a una prensa de prueba o a una simulación.
- **Ganancia del punto:** es el aumento de tamaño que experimenta un punto impreso en tanto la tinta es absorbida por el papel, ya sea esto producido por la propia presión de la maquinaria sobre el soporte o por el transcurso del tiempo.
- **Variación de la densidad:** a lo largo de una tirada, el posible desgaste del elemento de impresión o pequeñas variaciones en la presión u otros condicionantes pueden llegar a producir cierta alteración en el resultado. Esta circunstancia puede simularse únicamente mediante una prueba en prensa, aunque el resultado pueda variar entre diferentes tiradas.

- **Orden de impresión:** en los procesos de impresión en los que el color se coloca capa a capa (cada una de un tono), el orden de aplicación puede provocar alteraciones en el resultado, puesto que la intensidad de la adherencia, transparencia o permeabilidad de un color sobre otros es incierta.
- **Velocidad de impresión:** la duración que conlleve una prueba es muy variable, pudiendo oscilar entre la casi inmediatez hasta la tardanza que supone recurrir a las opciones industriales. En este sentido, el tiempo de ejecución puede ser una variante importante en la selección de una prueba u otra.

  Por ejemplo, mientras que sacar un documento en una impresora de inyección puede suponer solo unos pocos segundos, exportar el archivo para su producción en una empresa de reprografía puede alargarse algunas horas e, incluso, varios días.
- **Coste económico:** el gasto que suponen algunas pruebas es prácticamente despreciable, mientras que en otras es un valor considerable. Esto suele depender de la calidad de la misma y de su fidelidad respecto al producto terminado. En todo caso, el coste suele representar un argumento restrictivo a la hora de decantarse por una prueba, en la medida en la que el ahorro resulte significativo para la tirada.

Actividades

9. Para ampliar conocimientos, busque información acerca de las bibliotecas o paletas de colores que existen y explique qué utilidad presentan. Además, encuentre, al menos, dos alternativas a la Pantone.
10. ¿Qué ventajas e inconvenientes considera que supone el uso de pruebas de impresión?

Por otro lado, es posible clasificar las pruebas en relación a la **finalidad** a la que estén destinadas:

- **Conceptuales:** pretenden representar un concepto, idea o propósito. Suelen usarse para mostrar una propuesta de agrupación y ordenación del contenido, atendiendo a aspectos del diseño y la composición. No obstante, carecen de detalles y no suelen recoger los contenidos reales. En general, suelen divergir del resultado final.

- **Tipográficas:** aunque carezcan de precisión en otros aspectos, sí que presentan los parámetros definitivos de los recursos gráficos (familia tipográfica, tamaño de letra, color de letra y fondo, etc.) posibilitando comprobar su validez para el documento y evaluar su correcta legibilidad.
- **De color:** están destinadas a cotejar la definición cromática del producto gráfico, por lo que deben exhibir todos los contenidos textuales y visuales definitivos para valorar la fidelidad tonal, la validez de los contrastes y la definición de las imágenes.
- **De contrato:** es la prueba de gran calidad que se imprime tratando de presentar de manera exacta y escrupulosa todos los contenidos del documento. Su nombre deriva de que a veces se usa para sellar un acuerdo con la rúbrica sobre la prueba misma.

De cualquier forma, aun señalado que la representatividad de la prueba será mayor cuanto más calidad de impresión haya y menor sea la discrepancia de materiales, es necesario apuntar que toda prueba digital producirá un resultado con cierto grado de desajuste respecto al producto definitivo, al menos, si este es, como suele ser, el resultado de un proceso de impresión industrializada.

Consejo

Se han de realizar pruebas de impresión ocasionales desde el comienzo del proceso de diseño, de manera que se puedan detectar fallos o aspectos a enmendar de forma precoz, minimizando el esfuerzo que supondría la corrección de estos, si se arrastrasen hasta el final del trabajo.

Aplicación práctica

Si estuviese llevando a cabo la edición de la orla de una promoción de un instituto con 184 alumnos, a cada uno de los cuales se le entregará un documento en formato DIN-A1 y otro en DIN-A3, ambos en papel fotográfico satinado con brillo, ¿qué tipo de prueba de impresión realizaría?

SOLUCIÓN

La tirada, aunque no es excesivamente grande, por el formato y la calidad del papel, implica un gasto considerable para un particular, por lo que no sería aceptable una impresión deficiente.

Por lo tanto, habría que recurrir a una prueba de suficiente calidad. En caso de que se dispusiese de la maquinaria adecuada, se optaría por una prueba química. No obstante, de no ser así, tendría que realizarse una prueba digital manteniendo, al menos, una idéntica superficie de impresión (papel fotográfico como el que se usará para la orla). Esto puede realizarse en cualquier empresa de reprografía, tras lo que se podrá cotejar la validez del trabajo antes de proceder a la impresión definitiva.

En caso de ser necesarias algunas correcciones, si estas fuesen importantes, sería recomendable una nueva prueba tras la aplicación de los cambios.

3.2. Simulación de acabados en las maquetas

Una maqueta de un producto gráfico no es más que una herramienta de trabajo cuya particularidad radica en representar el modelo de un estado, intermedio o final, de un proyecto gráfico editorial.

En general, no existe causa alguna que obligue a la elaboración de la maqueta, no obstante es frecuente que haya al menos una y, en ocasiones, algunas más. Por todo ello, se entiende como normal el desarrollo de prototipos en los que, manteniendo un buen grado de representatividad, se busque conseguir un gasto mínimo de recursos.

Nota

Cuando se desarrolla un proyecto editorial en el que se recurre al uso de maquetas para evaluar, corregir y evolucionar el diseño, es frecuente acudir a modelos muy elementales, dado que el uso de estos será de carácter interino.

Habitualmente, se tiende a evitar el uso de procesos de impresión de alta calidad o la utilización de materiales caros en las maquetas, especialmente en aquellas que reproducen productos de gran coste económico. En este sentido, se suele optar por alternativas o materiales sucedáneos que mantengan la representatividad del producto en los aspectos necesarios, consiguiendo una reducción de tiempo y gastos de ejecución.

La informatización de la mayoría de los procesos del diseño del producto gráfico ha llegado a afectar incluso a la realización de maquetas, lo que representa la utilización de prototipos virtuales desarrollados con modelos tridimensionales, que pueden incorporar animación o introducirse en un ámbito real mediante herramientas de retoque fotográfico.

Maqueta virtual de caja de galletas

No obstante, aunque estos prototipos digitales pueden satisfacer cuestiones estéticas (diseño, proporciones, colores, etc.) o de implantación contextual (ubicación, relación con el entorno, etc.) es habitual la confección de, como mínimo, un modelo impreso sobre el que realizar comprobaciones de visualización, acabados, etcétera.

En cuanto a los prototipos físicos, el uso de materiales y procedimientos costosos siempre puede sustituirse por múltiples alternativas que simulen los aspectos que se vayan a considerar en dicha maqueta, reduciendo el valor económico total de la producción.

 Ejemplo

Al desarrollar un panel para una exposición, que irá impreso sobre papel apergaminado fijado mediante tachuelas sobre una tabla de madera rústica, se podría realizar una maqueta más económica usando papel coloreado de un tono similar al pergamino dispuesto sobre un panel de cartón mediante chinchetas.

No hay que olvidar que, aun siendo importante, el ahorro económico no puede ser el principal argumento de la maqueta, dado que si esta no llega a representar los aspectos que se pretenden apreciar y analizar del prototipo, resultará un modelo deficiente y, por ende, un gasto en vano.

Ante la duda, es mejor dedicar una inversión un poco mayor para conseguir una maqueta aceptable que perseguir una reducción del gasto que pueda acarrear un prototipo inadecuado o inservible.

Aplicación práctica

En la empresa en la que trabaja le han encargado que se ocupe de desarrollar una propuesta de etiquetado para unas botellas que han permanecido reservadas en una bodega malagueña desde 1985, y que saldrán a la venta como una edición limitada de nombre Capricorniaca. Próximamente, tiene una reunión con el cliente, a quien deberá presentar una maqueta de la propuesta de diseño. ¿Cómo sería el material que plantease en ese encuentro?

SOLUCIÓN

En esta situación, dado que se trata de un producto de alta gama, usted debería realizar una maqueta impresa de mucha calidad, tan próxima como fuese posible a la etiqueta que aparecería en el producto terminado. Aunque la consideración de un tipo de papel resistente a la manipulación ordinaria de una botella pero suficientemente maleable para asegurar su fijación dependerá de las condiciones exactas de la misma, la propuesta debería aproximarse a esas condiciones.

Así mismo, podría presentar un prototipo a mayor escala a modo de panel para una presentación, en el que se pudiesen apreciar los detalles y explicar las decisiones tomadas.

Por último, aunque pueda existir alguna dificultad para presentar la botella directamente etiquetada, sería muy recomendable aportar algún tipo de modelo tridimensional o fotomontaje en el que apreciar el resultado.

Propuesta: maqueta virtual de la botella

Actividades

11. Si tuviese que presentar una maqueta para un cartel publicitario de gran tamaño que fuese a ubicarse en la fachada de un edificio, ¿a qué tipo de alternativa recurriría para desarrollar la maqueta?

De cualquier forma, es necesario señalar que el reemplazo de materiales o técnicas de impresión por opciones alternativas no debe interferir, en la medida de lo posible, en la configuración de las características que definirán la apariencia de la maqueta del producto gráfico.

Por lo tanto, para llegar a alcanzar una representación apropiada y fidedigna del artículo final, será imprescindible reparar en los aspectos gráficos, materiales, formales, contextuales y de uso.

Importante

Pese a que puedan realizarse modelos muy económicos, si la maqueta no representa los parámetros que se pretenden de forma clara, resultará inapropiada y, por lo tanto, el coste, por muy bajo que sea, se habrá desperdiciado.

3.3. Soportes para presentación: cartón pluma, PVC y otros soportes

Pese a que algunas de las variantes de maquetas de productos gráficos tienen suficiente consistencia de manera autónoma como para sostenerse erguidas (durante su exhibición) o ser manipuladas sin peligro de deterioro, otras muchas posibilidades carecen de dicha firmeza y estabilidad. Por lo tanto, la presentación y el manejo de estos modelos pueden resultar incómodos, poco prácticos o, directamente, dañinos para la maqueta si no se recurre a algún tipo de componente auxiliar que facilite la tarea.

Soportes para la presentación de maquetas

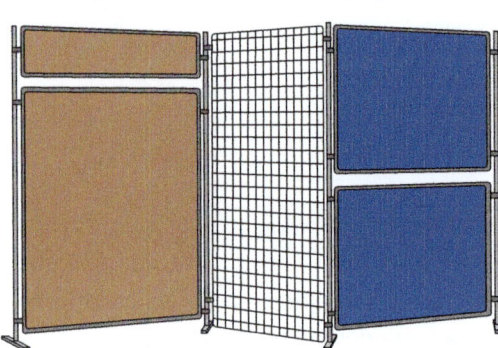

En general, en estos elementos de apoyo es posible reconocer tres grupos, en relación a la finalidad a la que están destinados:

■ En primer lugar, es posible referirse a aquellos accesorios cuya función es dotar de estructura, inercia, resistencia o, simplemente, servir de soporte a un determinado producto, de manera que pueda mostrarse con una mayor comodidad e incluso manipularse como si se tratase de un cuerpo rígido. Suele conseguirse mediante todo tipo de paneles sólidos o estructuras ligeras auxiliares, y su uso es frecuente tanto en exposiciones grupales como para la muestra de productos delicados.

■ En segundo lugar, se pueden identificar esos suplementos que pretenden ofrecer una protección extra a la maqueta del producto gráfico, para evitar su daño durante cualquier manipulación que pueda producirse durante su presentación. En este caso, lo común es el uso de fundas o láminas protectoras y se utiliza en algunas presentaciones en las que el modelo, siendo débil o sensible, pasará de mano en mano, pudiendo alterarse.

■ Por último, en tercer lugar, se debe hacer mención a aquellos ingredientes destinados esencialmente a mejorar la apariencia o puesta en escena de la maqueta. No obstante, es frecuente que esta influencia pueda afectar también a la protección o resistencia del modelo. Esto puede darse como carpetas, cajas, estuches o cualquier otro dispositivo que contenga el prototipo, y suele encontrarse en presentaciones que pretendan cierto grado de teatralidad o efectismo.

Actividades

12. Invente un ejemplo para cada uno de los diferentes grupos de elementos auxiliares de las maquetas de productos gráficos (de soporte, de protección y de presentación).

De esta forma, los soportes deben ser sólidos y generalmente ligeros. Además, en el uso frecuente que se hace de estos en determinadas fases de trabajo (análisis de resultados, revisiones, etc.) es útil que permitan un uso versátil que posibilite una manipulación cómoda y una sencilla fijación (montaje-desmontaje) de las maquetas sobre estos.

Importante

El uso de estos elementos complementarios en las maquetas solo tiene sentido si el modelo resultante mejora al inicial, siendo en caso contrario una distracción o, como poco, un gasto innecesario.

Por todo ello, aunque no exista una norma que establezca los materiales que deben usarse para este fin, sus propias características hacen que los más habituales sean los siguientes:

Cartón pluma

Es un tipo de material compuesto de considerable ligereza y gran rigidez que se presenta en planchas de espesor variable (normalmente entre 5 y 30 milímetros). Se conforma en una estructura de sándwich en la que el núcleo central está formado por espuma expandida de poliuretano, quedando cubierta a dos caras por una lámina de papel, cartulina o, incluso, plástico. Es posible encontrarlo en todo tipo de combinaciones de colores, y puede cortarse (*cutter,* segueta de hilo caliente, etc.) y perforarse (alfileres, chinchetas, etc.) con cierta facilidad, lo que lo hace muy apropiado para todo tipo de presentaciones. También es conocido como **FOAM.**

Variedades de cartón pluma

PVC

El policloruro de vinilo (PVC) es un plástico que puede encontrarse en múltiples formatos, no obstante, para la presentación de maquetas, se suele utilizar en planchas espumadas.

Se trata de un material muy ligero, flexible y razonablemente resistente, se corta y perfora sin dificultad y además puede encontrarse en múltiples espesores y colores. Por todo ello, es una opción muy apropiada para presentaciones de toda índole.

Detalle de plancha de PVC espumada

Corcho

Este material se obtiene a partir de la corteza del alcornoque, aunque para su uso como soporte se recurre a un procesado del mismo, el aglomerado de corcho (normalmente de baja densidad) que se presenta en chapas, paneles o planchas de entre 2 y 20 milímetros de espesor. Es resistente, ligero y muy flexible, por lo que no es apropiado para tamaños muy elevados a menos que se acompañe de un accesorio que le aporte mayor rigidez.

Planchas de corcho aglomerado

Más allá de estas opciones, puede encontrarse todo tipo de materiales (madera, metal, metacrilato, etc.) en relación a la intención de la presentación, aunque en general, el uso de estos pueda responder más a cuestiones estéticas o de otro sentido que a la estricta funcionalidad.

Aplicación práctica

Está diseñando el material para la fiesta de inauguración de una gran sala de celebraciones. Este se compone de unos carteles en papel fotográfico, tamaño DIN-A0, que contendrán fotos impresas a dos caras e irán en interiores colgados del techo, y también contará con invitaciones impresas en papel vegetal de 10x21cm. ¿Qué componentes auxiliares podría usar para la presentación de las maquetas al cliente?

SOLUCIÓN

Por su tamaño y poca consistencia, el cartel requerirá de algún tipo de soporte, pudiendo ser válido un panel de cartón pluma sobre el que se adhiriese con cinta adhesiva de doble cara. No obstante, cualquier otro tipo de estructura superficial podría ser apropiada.

En cuanto a la entrada, aunque sea un papel endeble, su pequeño tamaño hace innecesario un soporte, no obstante, para evitar que se arrugue o manche, podría presentarse protegido entre dos láminas protectoras de plástico transparente (como el acetato) o de otro papel. Por último, sería posible optar por algún elemento de presentación para la invitación, aunque si esta no lo va a incorporar (como es el caso) no sería necesario.

Así mismo, es posible encontrar todo tipo de elementos estructurales, de mayor o menor complejidad, desde paneles expositores o caballetes, hasta estructuras trianguladas o tensadas. Todo ello dependerá de las connotaciones que tenga la función estrictamente portante.

Estructura ligera para presentación

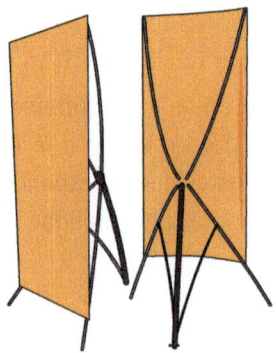

Actividades

13. Busque información sobre los principales materiales usados como soportes de maquetas (cartón pluma, PVC y corcho) y encuentre, al menos, un uso diferente para el que se utilice cada uno.

En cuanto a la protección de la maqueta del producto gráfico, cualquier elemento que la cubra puede ofrecer cierto grado de resguardo. Sin embargo, normalmente suele recurrirse a elementos superficiales de materiales suaves, como telas y papeles delicados (crespón, japonés, tisú, vegetal, etc.), o a los que ofrecen protección con visibilidad, como los plásticos transparentes.

Respecto a aquellos elementos cuya finalidad atañe principalmente a la apariencia, el abanico de formas, colores, materiales y, en general, posibilidades es tan amplio que no es posible abarcarlo, señalando, eso sí, que los límites los marcará la creatividad del diseñador.

Recuerde

Los posibles elementos accesorios para las maquetas de productos gráficos tienen por objetivo servir de estructura al modelo, proteger el documento o mejorar la forma en que se presenta.

4. Creación de maquetas

Como se ha visto anteriormente, una maqueta no solo puede representar cualquiera de los estados de desarrollo del proyecto de un producto gráfico (desde el diseño conceptual hasta la concreción de todos sus detalles), sino que el grado de complejidad o definición de esta dependerá de los aspectos que se pretendan representar en la misma.

Comparativa entre la maqueta esbozada del producto gráfico y el resultado final

Recuerde

Una maqueta es un prototipo de prueba constituido a partir del desarrollo de cualquiera de las fases del proceso de creación del producto terminado.

La constitución de un proyecto, cuyo trabajo generalmente se desarrolla en un entorno informático, en un documento terminado es un proceso que requiere concretar unas decisiones:

- ¿Qué se quiere transmitir o contar mediante dicho documento?
- ¿En qué medio o formato se quiere presentar?
- ¿De qué condiciones económicas y temporales se dispone?
- ¿Cómo se va a ejecutar (calidades, grado de detalle, etc.)?

Este conjunto de elecciones condicionará la forma de conducir, afrontar y ejecutar la maqueta que, en última instancia, podrá determinar el producto gráfico resultante.

Importante

No es necesario que una maqueta reproduzca de manera fiel todos los rasgos y características del producto que representa. De hecho, en ocasiones, es más recomendable limitar la fidelidad de algunos de estos parámetros mediante una abstracción que permita apreciar con mayor claridad el aspecto que pretende analizarse con la maqueta en cuestión.

Actividades

14. Imagine que va a realizar una maqueta de algún producto gráfico que usted seleccione. Responda a las cuestiones, que se exponen anteriormente en este apartado, relacionadas con las decisiones.

4.1. Procesos para la materialización de la maqueta física

El conjunto de procedimientos que participen de la elaboración de la maqueta tendrá una incidencia fundamental en los aspectos funcionales y estéticos que esta presente, y dependerá, por lo tanto, de los rasgos que se pretenda que aparezcan en el modelo.

Además de la elección de materiales y condiciones de impresión, hay otras intervenciones que influirán sobre los parámetros que configurarán la apariencia, forma y funcionamiento de la maqueta, y finalmente del producto gráfico terminado.

Pese a que las técnicas y procesos que pueden actuar sobre el documento impreso son tan variables y numerosos como pueda imaginar el creador de la maqueta o el producto, seguidamente se muestran aquellos que son más habituales en el medio editorial.

Doblado

Es el proceso en el que, partiendo de un elemento superficial delgado (como el papel), se realiza un giro del mismo en relación a un eje contenido en el plano, produciendo un solape. Para que se considere un doblez, es necesario que el elemento pueda retomar su estado original, produciéndose un mecanismo que permite hacer y deshacer el doblado de forma recurrente. Se entiende como un estado temporal cuya función está asociada a un manejo más cómodo o por cuestiones de presentación.

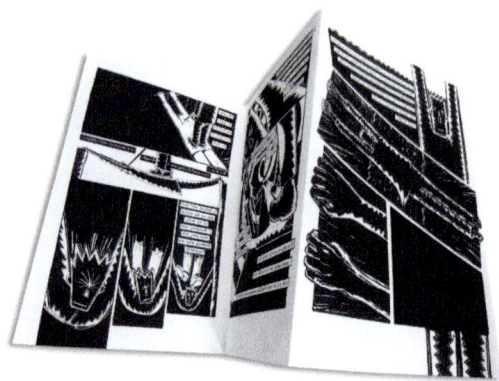

Muestra de doblado en producto gráfico

Plegado

Es un proceso semejante al doblado con la particularidad de que mediante el pliegue se constituye un elemento volumétrico a partir del plano original, dotando al elemento superficial de suficiente inercia como para imposibilitar su vuelta al estado inicial. En general, su aplicación queda justificada por cuestiones de funcionalidad.

Ejemplo de elemento gráfico plegado como objeto decorativo tridimensional

 Nota

De entre los muy variados tipos de doblez o pliegue que existen, los más habituales son en paralelo y en perpendicular (o en cruz), en relación a la forma en que se realizan los pliegues consecutivos.

Corte

Es la acción mediante la que se consigue definir la forma (contorno y dimensiones) de los componentes que integrarán el producto terminado.

Definición de la forma mediante corte

Hendido

Es el procedimiento con el que se implanta una marca o guía sobre un elemento, generalmente con un corte discontinuo o un doblez, que facilita la acción de procesos posteriores o una determinada manipulación por parte del usuario definitivo.

Detalle del hendido de un documento

Plastificado

Es la técnica con la que se le confiere al soporte de impresión, normalmente papel o cartulina, un acabado de plástico superficial (acetato, polivinilo, etc.) por cuestiones estéticas o para conseguir una protección extra que reduzca el deterioro. La fijación se produce mediante el empleo de calor y presión, existiendo dos posibles aplicaciones:

- **Extrusionado:** se vierte en estado líquido el plástico sobre el soporte y se aplana y retira el sobrante.
- **Laminado:** disponiendo unas láminas plásticas que se adhieren a la superficie del medio impreso.

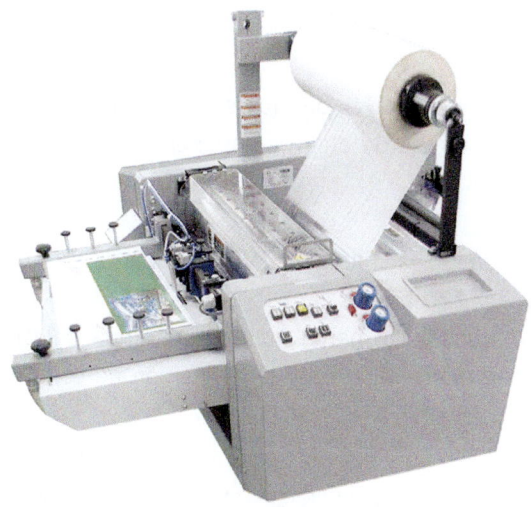

Proceso industrial de plastificado con lámina

Barnizado

Proceso parecido al plastificado con la salvedad de que el barniz se puede aplicar como si fuese cualquier otra tinta de impresión, es decir, permite su utilización de forma parcial con gran precisión (incluso como dibujos o texto) y durabilidad tras un secado adecuado. Generalmente se usa con una finalidad meramente estética.

Efecto de diferente textura y brillo respecto al soporte de un texto escrito mediante barniz.

Estampado

Es el procedimiento a través del que se consigue reseñar un dibujo o texto en relieve en la superficie de algún componente del producto. Hay dos posibilidades:

- **En seco:** cuando la marca se genera a partir de la presión entre dos hormas machihembradas.
- *Stamping:* cuando la marca incluye una capa delgada de un material plástico que queda fijada por la aplicación de calor y presión añadiéndole color y relieve.

Muestra de stamping y estampado en seco

Perforado

Es la práctica con la que se suprime parte del material del componente para, mediante el contraste de lleno y vacío, introducir textos, formas o dibujos

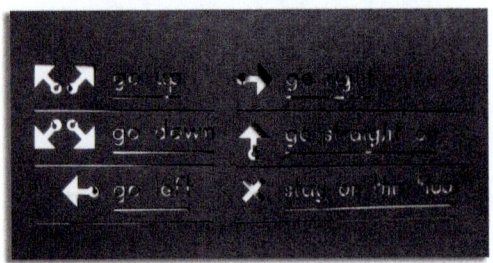

Escritura mediante perforación de caracteres

Grabado

Variación del perforado por la que el dibujo o texto se realiza retirando una parte superficial del material sin atravesarlo, produciendo un bajorrelieve.

Grabado de un dibujo sobre un cartón

Taladrado

Acción similar al perforado en la que el material que se elimina deja un hueco de forma circular o avellanada cuya finalidad es permitir la operación mediante anillas, pasadores, tornillos o cualquier otra forma de agrupación.

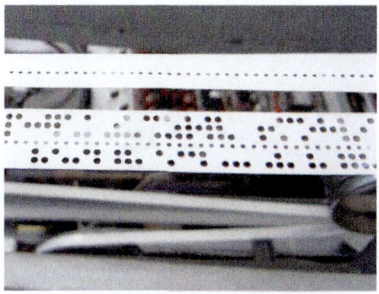

Muestras de perforaciones de distintos tamaños

Troquelado

También conocido como **suajado,** es el proceso con el que se realizan cortes o hendidos de formas complejas (curvas, poligonales, etc.) en el soporte. Esto se puede llevar a cabo mediante herramientas convencionales (un troquel manual) o singulares (con una matriz hecha a medida).

Ejemplo de diseño que incluye un troquelado destacado

Pegado

Proceso mediante el que, gracias a la acción de un componente químico (pegamento), dos elementos independientes pasan a quedar vinculados formando una unidad.

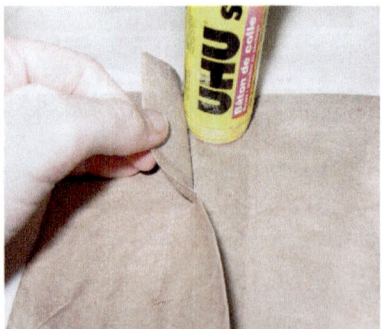

Pegado de un papel sobre un soporte rígido

Modelado

Generación de un objeto tridimensional mediante la conformación por adicción (impresora 3D de inyección, por estratos, etc.) o sustracción (fresadora 3D, cortadora, etc.). Pese a que son de nuevo desarrollo, sus productos empiezan a aparecer progresivamente.

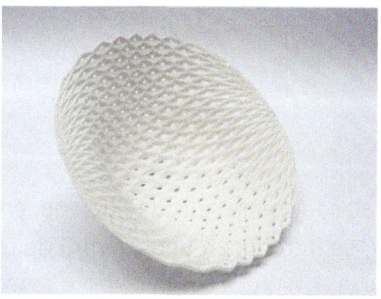

Ejemplo de un modelo tridimensional elaborado mediante sustracción

Desbarbado

Técnica de depuración de acabados que suprime los residuos y excedentes materiales que permanecen tras algunos procesos como el corte, troquelado, etcétera.

Herramienta para el desbarbado

Alzado

Procedimiento a través del cual se agrupan los pliegos que conforman un documento, apilándolos de forma ordenada y respetando la paginación.

Aplicación de pliegos en un alzado

Embuchado

Práctica similar al alzado con la salvedad de que, en lugar de apilar los pliegos de forma sucesiva, se introducen unos dentro de otros de manera seriada.

Agrupación de pliegos en un embuchada

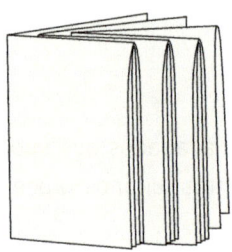

 Definición

---

Pliego
Un pliego es cada una de las hojas de papel plegadas sobre la que se imprimen varias páginas de forma que ocupen su posición correspondiente cuando se conformen como producto editorial.

Cosido

Técnica de unión de los elementos que componen un documento (normalmente se usa para los pliegos) atravesándolos y anudándolos mediante hilo, cordel o alambre delgado.

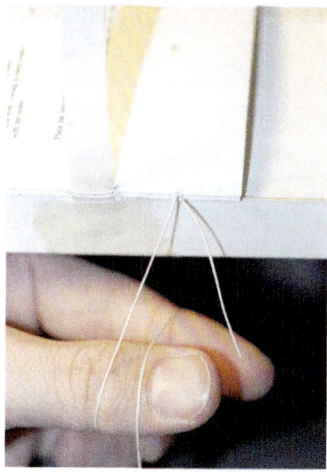

Detalle de cosido de pliegos

Grapado

Variante mecanizada del cosido en la que se utiliza una herramienta (grapadora) para introducir una pieza metálica (grapa) que une dos elementos.

Grapado de un documento

Encuadernado

Es el procedimiento mediante el cual se unifican los diferentes pliegos o páginas que compondrán el documento, de forma que se beneficie su presentación, se mejore su conservación y se facilite su manipulación. Existen numerosas opciones de encuadernado, desde las más elementales (alzado, embuchado, anillado, etc.) hasta las más elaboradas (rústica, copta, a la inglesa, etc.).

Ejemplo de encuadernación

 Actividades

15. Identifique 5 de estos procesos en productos que haya a su alcance y fotografíelos.
16. Piense si sería posible sustituir cualquiera de esos 5 procedimientos por otra alternativa. Justifique su respuesta.

 Nota

Aunque como norma general sea preferible la presentación de estos modelos de forma real o física, para que puedan tocarse y apreciarse sus cualidades con mayor pragmatismo, también se pueden simular muchos de estos procedimientos en representaciones digitales de menor coste económico y mayor facilidad de transmisión (mediante Internet o cualquier otro soporte de almacenamiento informático).

En resumen, el conjunto de los contenidos que se incluyan en el producto gráfico y las decisiones de diseño y composición del mismo, junto con las técnicas y procesos que se usen para la materialización de una determinada maqueta y, por ende, del producto terminado, determinarán el resultado final del proyecto editorial.

 Aplicación práctica

Trabaja en una empresa de ediciones coleccionables en la que están preparando una publicación dedicada a los grandes equipos y estrellas de fútbol de todos los tiempos, llamado "Más que Balones de Oro". Se compondrá de unos sobres que contendrán los cromos y de un álbum en el que guardar y ordenar la colección. Pese a que aún se está iniciando el trabajo en los contenidos, se pretende definir el modelo de producto, por lo que se requiere a un grupo de trabajadores que presente una propuesta de maqueta básica de la colección. ¿Cómo sería su proposición?

SOLUCIÓN (Propuesta)

Puesto que este tipo de productos no puede tener un precio excesivo, habría que recurrir a soluciones razonablemente económicas, aunque dado que su temática podría llegar a atraer a un público adulto, sería necesario diferenciarlo mediante calidades de un producto netamente infantil.

En estos álbumes se suele recurrir al grapado de las hojas embuchadas en unas tapas de papel de mayor gramaje con un laminado satinado. En este caso, se propone recurrir a un papel de mayor gramaje, aplicando un plastificado mate y destacando el título estampándolo en dorado brillante. Además de sustituir el grapado por un cosido.

En cuanto a los cromos, se mantendría el estándar de papel de bajo gramaje, satinado y autoadhesivo.

Por último, los sobres tendrían que ser económicos y llamativos para destacar entre el resto de la oferta, por lo que se simplificarían recurriendo a un papel mate muy delgado y color negro con el nombre de la colección "Más que Balones de Oro" en dorado y barnizado para que resalte.

4.2. Especificaciones de salida para la elaboración de la maqueta

La generación de una maqueta física a partir de un documento informático requiere de un desarrollo metódico en el que las decisiones tomadas en lo referente a uso de materiales, medidas o acabados sean absolutamente concretas y se apliquen con precisión con el objetivo de evitar equivocaciones que (por fallo u omisión de información) supongan una producción defectuosa que pueda implicar un gasto de tiempo y dinero innecesario e infructuoso.

A causa de la importancia que todos estos detalles tienen para la concreción de la maqueta, puesto que de la definición de estos se obtendrá el prototipo, resulta esencial que su ejecución sea exacta. De ahí, que se haga imprescindible que la información relativa a la aplicación de estas decisiones se transmita perfectamente.

La comunicación de toda esta información tiene que incluirse a modo de instrucciones que concreten las especificaciones necesarias para la elaboración de la maqueta o el producto terminado.

Es frecuente que las fases de diseño no coincidan con las de impresión y postimpresión, es decir, que, normalmente, el personal encargado de definir los aspectos visuales y formales del producto no suele trabajar directamente junto con el que se encarga de las tareas de taller (impresión, corte, acabados, montaje, etc.).

 Nota

Incluso es habitual que en las grandes empresas del sector estos departamentos no compartan espacio físico (ocupen diferentes secciones, plantas o incluso edificios). Así mismo, las pequeñas empresas suelen externalizar estos servicios mediante la subcontrata de otras empresas especializadas.

Estas explicaciones podrán presentarse a través de un recurso gráfico explicativo (planos técnicos, dibujos de montaje, bocetos, etc.) acompañado de un texto esclarecedor y complementario, o sencillamente mediante un componente textual completo y detallado.

En todo caso, siempre será imprescindible que resulten entendibles e interpretables por los encargados de la concreción de la maqueta.

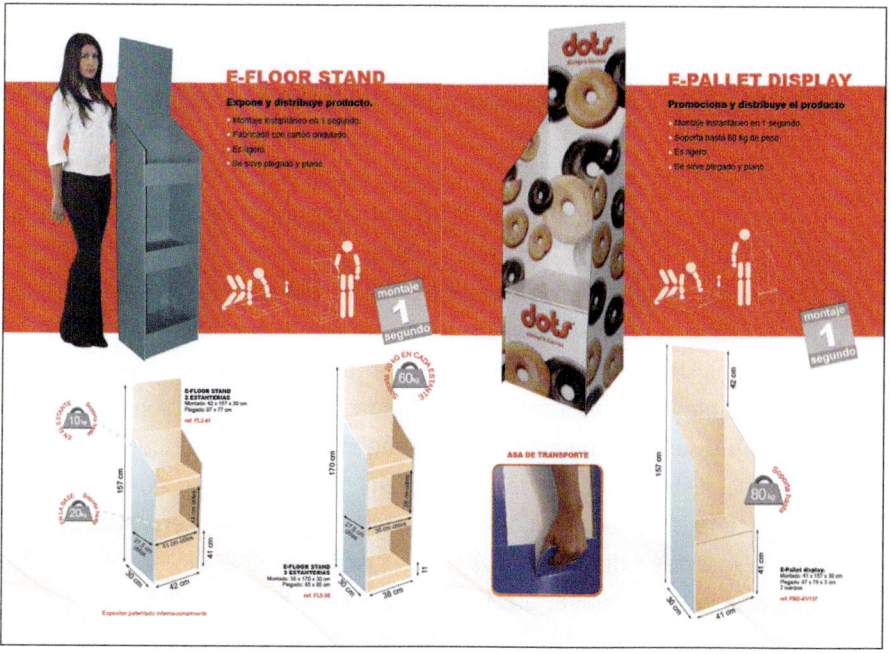

Instrucciones gráficas para la elaboración de un pedestal de exposición

De cualquier modo, es necesario que de alguna manera se elaboren unas instrucciones que se incorporen con el conjunto de ficheros que conformen el archivo informático del proyecto. Incluso podrán llegar a incluirse en el documento en sí, siempre y cuando no interfieran o puedan crear confusión con el contenido del mismo.

Por ello, independientemente de si las instrucciones incluyen un componente gráfico o si tan solo son escritas, para que resulten adecuadas tienen que considerar los siguientes aspectos:

- **Precisión:** la transmisión de la información sobre la elaboración de la maqueta debe usar un lenguaje apropiado y exacto en el que la utilización de un vocabulario específico (con términos propios del sector) con datos concretos (espesores, dimensiones o cotas, etc.) y referencias técnicas (tipos de materiales o acabados, etc.) concrete el proceso de elaboración al detalle de manera que pueda ser comprendido y procesado en un modelo por cualquier profesional del sector capacitado para ello.
- **Claridad:** esta comunicación debe transmitir un mensaje inequívoco de forma sencilla y lineal, haciendo uso de un lenguaje no literario (sin metáforas, juegos de palabras, etc.), carente de contradicciones o ambigüedades que puedan generar dudas o depender de la interpretación del receptor.
- **Concisión:** el mensaje no debe de ser más prolongado de lo estrictamente necesario sino que, por el contrario, tiene que ser concreto, aplicando la máxima de la economía del lenguaje (decir algo con la menor extensión posible) para favorecer la simplicidad de las instrucciones.
- **Explicitud:** estas explicaciones no pueden dejar ninguna cuestión relativa a la materialización del modelo sin detallar, puesto que este rigor en los detalles evitará vacíos de contenido que puedan ser solucionados por la iniciativa de alguien ajeno al diseño (el operario encargado, la empresa subcontratada, etc.) quien, por falta de puntualización, podrá actuar según su criterio.

 Actividades

17. Para poner en práctica lo comentado y apreciar su dificultad, trate de inventar y escribir unas instrucciones textuales para realizar la maqueta de una caja de cereales.

Resulta indispensable invertir suficiente tiempo y trabajo para desarrollar unas especificaciones apropiadas que determinen la correcta elaboración de la maqueta o el producto terminado, sin las cuales el objeto resultante (por divergencia, error u omisión) no concordará con el modelo requerido y, por lo tanto, no satisfará la voluntad proyectual.

 ## Aplicación práctica

Ha trabajado en la elaboración de un libro de diseño, cuya edición incluirá un marcapáginas tipo clip y usted se encarga de la elaboración de las instrucciones para la confección de dicho accesorio. Desarrolle el conjunto de especificaciones que entienda necesarias para la correcta resolución del marcapáginas.

Diseño de marcapáginas

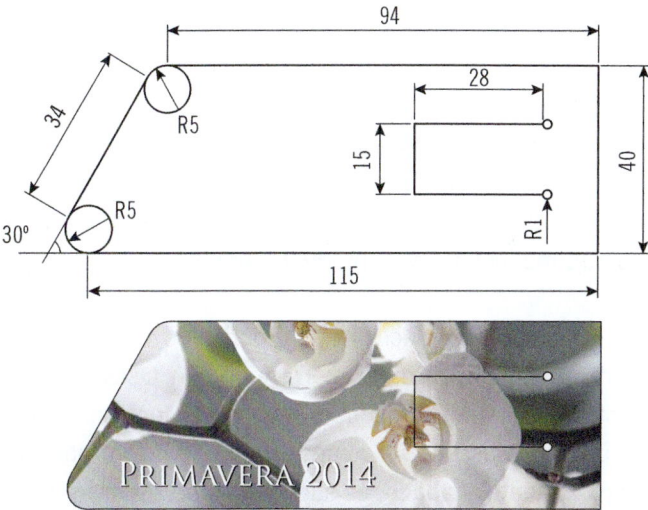

SOLUCIÓN (Propuesta)

Dado que la posición de la imagen y las dimensiones del producto se adjuntan a modo de documento gráfico, no es necesario explicar nada sobre estos, más allá de señalar que toda la línea de mayor grosor del dibujo acotado debe ser cortada, incluyendo la interior, que terminará con dos taladrados, para generar la solapa. Además, las medidas se dan en milímetros.

Continúa en página siguiente >>

<< Viene de página anterior

Fuera de esto, tan solo habría que especificar las características de los materiales y acabados. La impresión se realizará a una sola cara (anverso) sobre papel mineral blanco de 150g/m², quedando el reverso libre. Se terminará con un acabado plastificado mediante una lámina transparente mate de polipropileno de 25 micras.

Recuerde

Las especificaciones de salida para la elaboración de una maqueta o producto acabado tendrán que elaborarse para que resulten precisas, claras, concisas y explícitas.

5. Impresión de maquetas

La impresión de un producto gráfico representa el paso de trasladar el trabajo digital del proyecto a un soporte físico tangible, compuesto por una serie de contenidos organizados en la etapa de composición, para dar lugar a una maqueta o, en última instancia, al producto terminado.

En tanto las etapas de selección e introducción de contenidos (gráficos o textuales), maquetación, diseño o corrección son fases que evolucionan y están en constante cambio, la maqueta impresa (o incluso virtual) supone la acotación de una fracción de ese proceso. Por esta razón, por **representar un producto temporalmente acabado,** es susceptible de ser examinada, comparada y valorada.

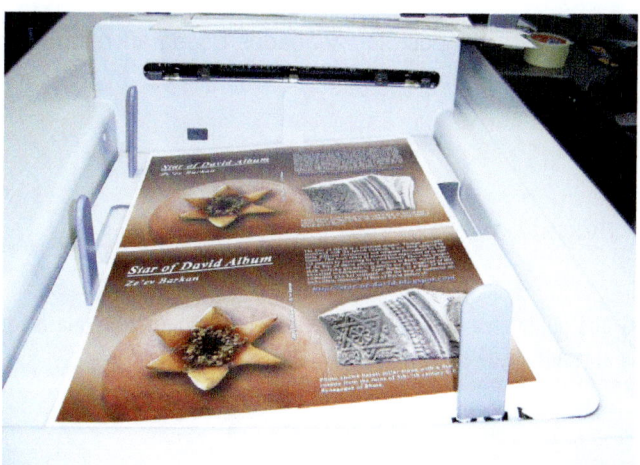

Impresión de productos gráficos

Así, por este carácter temporal y no definitivo, será importante atender a qué aspecto o aspectos se pretenden presentar y evaluar con la maqueta en cuestión. Dependiendo de la intención con la que se realice el modelo, será preciso recurrir a unos u otros procedimientos, de forma que el resultado se adecue a las necesidades existentes.

Importante

Se dice que la maqueta es una representación terminada y temporal. Lo primero porque, al estar impresa (o definida virtualmente), no es susceptible de ser modificada, y lo segundo porque es una plasmación provisional de un proyecto inacabado, por lo que los cambios que se ideen sobre la maqueta podrán exportarse al proyecto (archivo informático).

Igualmente habrá que considerar los condicionantes existentes en relación al presupuesto o el tiempo de ejecución disponible. En este sentido, será necesario priorizar y decidir en qué factores la inversión de recursos tendrá que ser más importante. Así, las propiedades del soporte de impresión, el tipo de tintas empleadas o los posibles acabados quedarán restringidos por estas limitaciones.

Actividades

18. ¿Hasta qué punto cree que la limitación en el presupuesto de una maqueta puede afectar al resultado de esta?

5.1. Impresión láser, plotter, impresión digital y otros sistemas de impresión

En la actualidad, con un equipo informático convencional, el programa apropiado y un dispositivo de impresión doméstico, cualquier usuario medio puede llegar a elaborar la publicación impresa de un producto gráfico con una calidad bastante aceptable.

Sin embargo, estos periféricos suelen presentar ciertos inconvenientes a causa de que están concebidos para un uso limitado, por lo que no son especialmente útiles para tiradas medias o grandes. Esto es así por diferentes motivos:

- En general, no tienen una velocidad de impresión excesiva, por lo que la cadencia de páginas impresas por minuto es baja. Por esto, en tandas largas, el tiempo necesario es demasiado.
- La capacidad de almacenaje de sus consumibles, es decir, los componentes necesarios para la impresión (papel, tintas, etc.), es muy limitada, necesitando una reposición constante en caso de usarse para tiradas largas.
- La carga de consumibles es lenta y suele requerir la detención del trabajo de impresión (al menos para las tintas), por lo que resulta poco eficiente. Además, para un uso profesional necesitaría una supervisión constante para administrar papel (u otro soporte), sustituir tintas y reanudar la impresión.

Por todo ello, pese a que la utilización de estos dispositivos domésticos genere unos resultados aptos para uso escolar, oficinístico o cualquier proyecto no demasiado profesional, cuando es necesario reproducir varias copias de un trabajo con buena calidad es preferible recurrir a un trabajador especializado o a una empresa del sector.

 Sabía que...

Desde hace algún tiempo, se han empezado a comercializar impresoras 3D de ámbito doméstico capaces de producir modelos volumétricos mediante diferentes sistemas (por estratos, inyección, etc.)

Por su parte, los **sistemas de impresión profesionales** o de **uso industrial** poseen unas características particulares (mayor velocidad, mejor calidad de impresión y definición, permiten más variedad de materiales y formatos para el soporte, etc.) que los hacen **más adecuados para proyectos gráficos seriados o de gran singularidad.**

Se muestran a continuación los métodos de impresión más habituales en el uso doméstico y profesional.

Impresión de tinta líquida o inyección

Trabajan mediante la aplicación de gotas puntuales de tinta en el papel a través de unos inyectores. Normalmente, funcionan sustentándose en la gama CMYK (cian, magenta, amarillo y negro), por lo que no permiten la utilización de tonos especiales. No obstante, con el progresivo aumento de puntos por pulgada, han alcanzado resoluciones que les permiten realizar trabajos con una muy buena definición. Pese a que para conseguir estas calidades requieren de papeles especiales y que sus consumibles son relativamente costosos, el ahorro en la compra del dispositivo en sí (bastante económico) ha hecho de este sistema el más habitual.

Esquema de impresión de tinta líquida

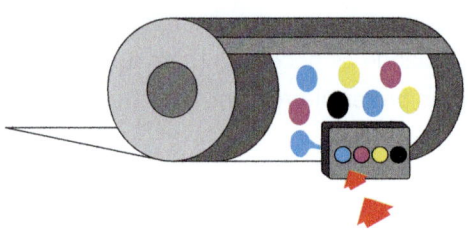

Impresión de tinta sólida

Con un funcionamiento semejante al de la impresora de inyección, su principal diferencia estriba en que en este dispositivo se parte de la tinta en estado sólido, que pasa a fundirse, para ser aplicada como una trama de puntos sobre el papel

Esquema de impresión de tinta sólida

Impresión de sublimación de tinta

En este sistema, a partir de calor aplicado sobre unas cintas impregnadas con tintas CMYK (una cinta cian, otra magenta, etc.) se produce la sublimación del color que pasa al papel. El proceso se realiza color a color, produciéndose la combinación de estos directamente sobre el papel. Se consigue así un resultado de gran calidad característico de la fotografía profesional.

Esquema de impresión de sublimación de tinta

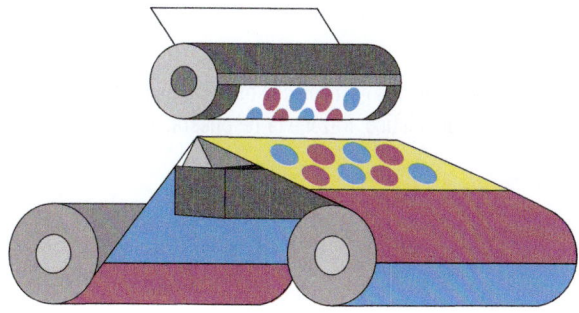

Impresión de ceras o de transferencia térmica

Se trata de dos sistemas muy parecidos en los que, en el primer caso, a partir de una banda encerada, y en el segundo, de paneles sólidos, haciendo uso del calor se funde la cera para impregnar el soporte de impresión.

De esta forma, al ser un color continuo (y no puntual) y superpuesto, la afinada transición del color consigue resultados propios del ámbito profesional.

En este sentido, al ser costosos los consumibles, su uso en el medio doméstico es casi nulo.

Esquema de impresión de transferencia térmica

Actividades

19. Idee tres ejemplos de productos gráficos que puedan resolverse adecuadamente con un sistema de impresión doméstico. Razone la respuesta.

Impresión láser

Estos dispositivos se sustentan en principios físicos, ionizando un cilindro (tambor) que recoge partículas de un determinado color y las transfiere al papel. Este proceso se repite con cada color que se use. A continuación, a través de presión y calor, se fijan estas partículas al soporte. Este tipo de impresoras suele ser más costoso que otras alternativas y sus consumibles también son relativamente caros, sin embargo este sistema tiene unas prestaciones interesantes (buena velocidad de impresión con una calidad razonable) que la hacen competitiva y muy apropiada para usos profesionales en los que no prime la imagen.

Esquema de impresión láser

Plóter o *plotter*

Es un dispositivo de funcionamiento habitualmente análogo al de los sistemas de impresión de tinta líquida. No obstante, la diferencia sustancial se encuentra en el formato de soporte permitido (admiten el uso de A1, A0 y hasta tamaños superiores). En este sentido, pese a que casi todo este tipo de dispositivos funciona con carga continua de papel mediante bobina, hay opciones en el mercado con carga mediante bandeja. En cuanto al color, la mayor parte de estos funcionan con juegos de cartuchos CMYK, aunque algunos modelos permiten la introducción de hasta doce tintas diferentes, por lo que ofrecen una definición muy precisa en el dibujo a línea y una alta calidad en la imagen. Además de existir el de impresión, también hay plóter de corte, que realizan trazados de toda índole con una cuchilla. Por todo ello, se trata de un instrumento propio de profesionales de las artes gráficas, la arquitectura o la ingeniería.

Ejemplo de plóter de impresión

Impresión por huecograbado

Se trata de una variante industrial de impresión. Esencialmente funciona mediante una plancha grabada con un bajorrelieve negativo, fijada sobre un tambor cilíndrico que recoge la tinta de un depósito, tras lo que se retira el exceso y se fija sobre el soporte por contacto y presión. Este proceso se repite con cada color. Aunque generalmente se trata de un proceso continuo, existe la alternativa unitaria en la que el sistema rotatorio se sustituye por uno secuencial.

Esquema de impresión por huecograbado

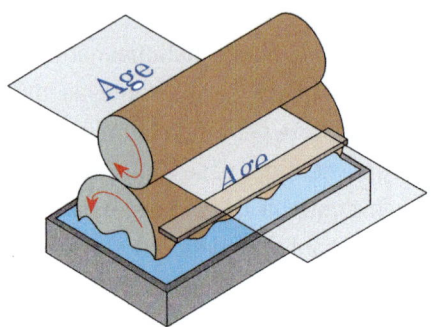

AZ Definición

Negativo
En el mundo de la impresión, así como en otros campos, se conoce como negativo a la representación invertida, opuesta o espejada, del elemento que se quiere imprimir. De esta forma, al transferir la tinta desde el negativo al soporte de impresión, el resultado será el deseado.

Flexografía

Se trata de un sistema de impresión continuo cuyo funcionamiento es similar al de un sello o tampón, propio del uso industrial. En este, una plancha, elaborada con un material flexible (normalmente fotopolímeros) en la que está grabado el negativo de la impresión, se fija a un tambor rotatorio. Un rodillo dosificador recoge la tinta de secado rápido de un depósito y, tras retirar el excedente, la aplica a la plancha, que lo transfiere al soporte de impresión, repitiéndose nuevamente para cada tinta o barniz. Es una técnica de empleo muy variado (etiquetas, revistas, etc.) puesto que posibilita el uso de gran variedad de tintas y barnices, es versátil, eficaz y económica.

Esquema de impresión por flexografía

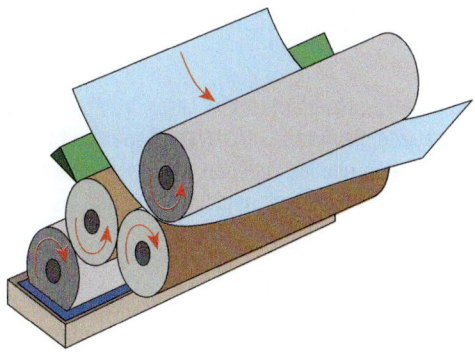

Impresión *Offset*

Es un método de impresión continua de índole industrial que se sustenta en la incompatibilidad entre grasa y agua. Básicamente, se utiliza agua para definir la zona carente de impresión sobre una plancha cilíndrica (lo que se conoce como área hidrófila) tras lo que se aplicará tinta grasa a dicha plancha, con la particularidad de que esta solo se fijará en la parte donde no haya agua (llamada área lipófila), tras lo cual este conjunto de cilindros trasladará la tinta al soporte mediante presión. Se trata de un proceso reiterativo para cada color. La extensión de su uso se debe a que consigue una impresión de gran calidad en un proceso rápido y económico.

Esquema de impresión Offset

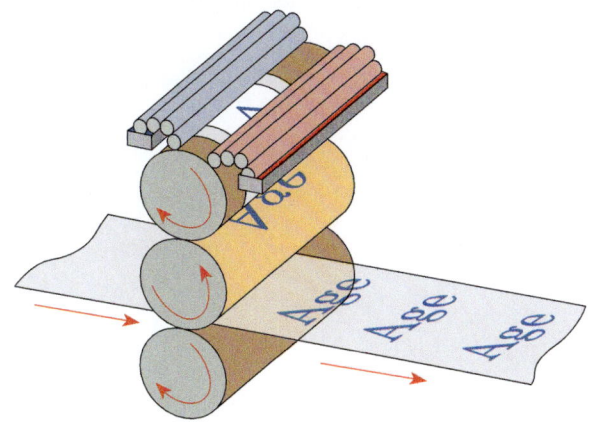

 **Actividades**

20. Realice un diagrama para cada uno de los procesos de impresión industrial vistos anteriormente (huecograbado, flexografía, *offset)* en el que se sintetice su funcionamiento.
21. ¿Por qué motivo considera que los sistemas industriales de impresión que tienen un coste unitario del producto terminado mucho menor que los sistemas domésticos no se utilizan en casa?

Serigrafía

Se trata de una técnica de impresión usada para simular un efecto artesanal o tosco y en productos elaborados sobre telas u otros materiales poco convencionales.

Posibilita la transferencia del pigmento sobre casi cualquier superficie plana (dependiendo del material). La impresión de cada color se realiza, uno a uno, a través de un elemento llamado **pantalla,** consistente en una malla tensada sobre un marco.

El funcionamiento implica la obstrucción de la parte de esa malla en la que no deba producirse transferencia del color, tras lo que se vierte tinta en la pantalla, que estará dispuesta sobre la superficie a imprimir, se distribuye sobre esta y se retira la sobrante para terminar ejerciendo una presión, que fijará el color en el soporte de impresión.

Esquema de impresión por serigrafía

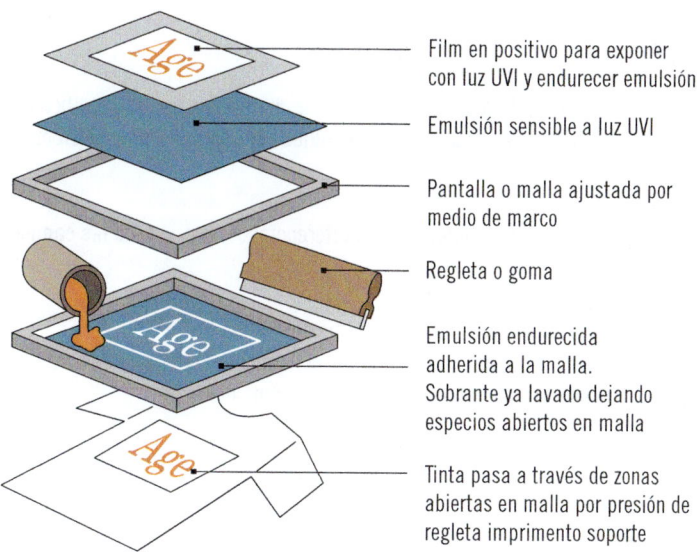

Film en positivo para exponer con luz UVI y endurecer emulsión

Emulsión sensible a luz UVI

Pantalla o malla ajustada por medio de marco

Regleta o goma

Emulsión endurecida adherida a la malla. Sobrante ya lavado dejando especios abiertos en malla

Tinta pasa a través de zonas abiertas en malla por presión de regleta imprimento soporte

Otros sistemas de impresión

Más allá de los sistemas presentados, es posible encontrar una gran variedad de métodos y técnicas de impresión alternativos, como la tampografía, el fotograbado, la xilografía, la litografía (antecedente de la impresión *offset),* la fotolípia, etcétera. Sin embargo, todos estos procesos son más singulares y tienen un ámbito de aplicación más reducido, por lo que resultan mucho menos habituales en general, y especialmente en el contexto editorial o del diseño gráfico.

 Aplicación práctica

Para la apertura de un gran parque acuático de su ciudad, la empresa en la que trabaja ha recibido el encargo de elaborar los productos promocionales. Estos consistirán en 100.000 volantes a todo color (en papel couché de 12x20 cm) con un cupón de descuento y 10.000 camisetas blancas (de algodón) con el nombre y el logotipo bicromático del parque ocupando toda la parte delantera de la misma. ¿Qué tipo de sistema de impresión propondría usted ante este pedido?

Continúa en página siguiente >>

<< Viene de página anterior

SOLUCIÓN

Sin tener datos acerca del presupuesto, una campaña tan masiva y específica permite los gastos necesarios para satisfacer el pedido, aunque el ahorro económico siempre será un factor importante.

Este encargo consta de dos elementos muy diferenciados, por un lado las camisetas y por otro los volantes.

En el caso de los volantes, la cantidad y el tipo de documento lo hace muy adecuado para la impresión offset, puesto que la variedad de color no incrementaría demasiado el precio unitario y una tirada grande se resolvería en un tiempo moderado.

En cuanto a las camisetas, tanto por el material como por sus contenidos bicromáticos se trata del típico producto propicio para la impresión serigráfica.

5.2. Colocación en el soporte de presentación

Aunque un producto gráfico pueda constituir por sí mismo un objeto terminado (como tarjetas de visita, pósters, volantes, etc.) hay multitud de circunstancias en que este elemento constituye una parte (generalmente importante) de un producto más complejo (como envases, etiquetas, desplegables *pop-up,* etc.).

Igualmente, hay casos en que, aunque el elemento gráfico tenga suficiente entidad y autonomía como para representar el producto acabado, son los aspectos funcionales los que le hacen depender de otros componentes que cubran esta necesidad.

Producto gráfico sobre soporte estructural

 Ejemplo

Aunque el documento gráfico impreso de un cartel para una valla publicitaria que se disponga junto a una carretera pueda ser entendido por sí solo, requiere de un soporte y una subestructura que le ofrezcan la suficiente sustentación como para que pueda permanecer íntegro y perfectamente visible a la intemperie.

En este sentido, cuando se necesite la combinación con algún tipo de soporte, la disposición del elemento gráfico sobre este tendrá que atender diversos factores:

Prácticos

En la medida en que la adecuada resolución de los mismos se asegurará el buen funcionamiento del producto:

■ **Concordancia:** siempre que un elemento gráfico requiere de un montaje por estar dividido en partes o conformado por diferentes componentes, la unión debe ser ordenada y precisa para que el resultado responda al diseño de forma coherente.

- **Orientación:** la dirección en la que se acomode el producto en el soporte debe ser apropiada, respetando el criterio del creador, para adecuar la percepción del producto con la intención comunicativa.

Estéticos

En la medida en que estos aspectos afecten a la interpretación visual subjetiva del receptor en relación con la voluntad manifiesta del diseñador:

- **Soporte:** las características del soporte influirán de manera decisiva en la apariencia, textura y manejo del producto gráfico.
- **Elementos auxiliares:** el uso de complementos o accesorios necesarios para el montaje o la funcionalidad del componente gráfico puede integrarse y formar parte del diseño o disociarse mostrándose como algo ajeno y sobrante.
- **Métodos de unión:** el procedimiento usado para unir el producto gráfico al soporte podrá pasar desapercibido, adaptarse al proyecto o, incluso, deteriorarlo.

 Ejemplo

En el caso de una etiqueta de 10x6 cm en papel vegetal para un abrigo, los aspectos estéticos relacionados con el soporte dependerían del material y dimensiones de este (no será lo mismo que el soporte sea una hoja de papel de barba de 15x9 cm que una chapa de madera de haya de 10x6 cm). La fijación podría resolverse de formas muy dispares (adhesivos, grapas, etc.). En cuanto a los auxiliares, el tipo de elemento que una la etiqueta al abrigo podría ser un cordel, un lazo de seda, una tira de piel, etcétera. Por no hablar de otros muchos posibles aderezos (lazos, cuentas, etc.).

Actividades

22. Analice las imágenes de productos gráficos que se muestran a continuación y comente si considera que presentan algún problema.

De cualquier modo, cada caso particular requerirá de un análisis de todas estas circunstancias, considerando pros, contras y otros aspectos tan relevantes como el coste o su funcionalidad.

Además, si bien hay productos que ofrecen una importante libertad creativa al diseñador, existen circunstancias en las que el producto tiene una mayor rigidez y la limitación de opciones es importante.

Aplicación práctica

Desde una agencia publicitaria se les ha planteado el reto de disponer un anuncio singular para una valla publicitaria. El anunciante en cuestión presenta un coche con un sistema de estabilidad en pendiente, y desde la agencia se ha propuesto un cartel, inclinado 30 grados, en el que el coche se mantenga horizontal. ¿Cómo resolvería la colocación en el soporte?

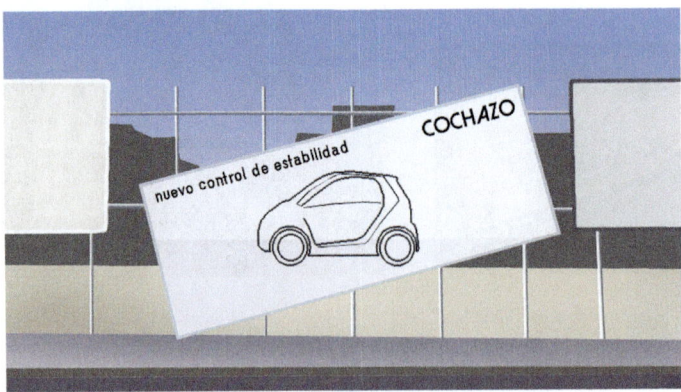

SOLUCIÓN

Por el tipo de formato, como se hace habitualmente el documento deberá dividirse en partes para un montaje más sencillo, cuidando evitar fallos de concordancia.

En cuanto al resto, si el diseño incorpora esos 30 grados, habría que aplicar la misma inclinación al soporte, por lo que aunque la superficie de fijación no se modifique, se tendría que alterar su disposición, fijándola a la estructura con precisión con el ángulo especificado.

Métodos de unión

Dependiendo de la forma en que se resuelva la colocación en el soporte, se producirá un tipo de relación de dependencia diferente desde el producto hacia este, de manera que la elección de una u otra opción podrá llegar a tener una fuerte incidencia sobre los parámetros formales y funcionales del conjunto producto-soporte.

A continuación, se presentan las opciones de unión y relación entre producto gráfico y soporte más habituales:

Disponer

Es la solución más elemental posible. Esta relación solo requiere la ubicación del componente gráfico sobre el soporte, sin que exista ningún tipo de obstáculo o fuerza que impida la ruptura de este vínculo. Básicamente solo intervienen la gravedad y el soporte que impide que el producto caiga o se desprenda. Suele ser habitual en casos en los que o bien deben exponerse de forma casual o no hay peligro de deterioro (escaparates, vitrinas, etc.) o bien cuando el producto debe ser accesible para ser retirado (mostradores, expositores, etc.).

Folletos dispuestos sobre el expositor

Fijar o enlazar

Se trata de una forma de vinculación entre producto y soporte resuelta mediante la conexión o encaje de ambos sin la participación de ningún elemento ajeno a ellos. Esto se resuelve de forma habitual mediante el uso de pestañas, solapes, machihembrados, ensambles u otras posibles ligaduras mecánicas. Presenta la ventaja de no necesitar ingredientes externos, aunque por contra requiere una previsión y una manipulación adicional. Generalmente, se utiliza en productos con un carácter temporal o en aquellos en los que se quiere incorporar un aspecto manual (invitaciones, tarjetas de felicitación, paneles de exhibición, etc.)

Detalle de enlace en una invitación de boda

Adherir

Consiste en la unión de dos elementos, normalmente el producto y el soporte, a través de la participación de un componente químico (adhesivo) entre ellos. El tipo de adhesivo que se use dependerá de las propiedades de los objetos a unir y de los requerimientos del resultado. Por la variedad de soluciones y calidad de la unión, con un precio moderado, se trata de una de las opciones de unión más utilizadas, pese a que como norma no permita la separación de los elementos con la restauración a su estado preliminar. Su uso está extendido a todo tipo de productos (propaganda, etiquetas, envases, libros, etc.).

Adhesión del producto gráfico sobre el soporte

Grapar

Es una opción de conexión directa en la que se juntan varios componentes para ser atravesados por un elemento metálico, llamado **grapa,** que mantendrá de forma física esta conexión. Su viabilidad depende de que los materiales implicados lo posibiliten. Para ejecutarlo, es necesario un dispositivo específico, llamado **grapadora,** que introducirá la grapa en el conjunto. Aunque pueda ser un proceso reversible, dejará una marca. Aun siendo muy económico, habitualmente solo se aplica a productos no definitivos o en los que se prioriza el ahorro a la calidad de la unión (propaganda, pliegos de pocas páginas, etc.).

Producto gráfico grapado sobre superficie

Clavar

Esta posibilidad de unir diferentes elementos, habitualmente el producto gráfico sobre el soporte, implica una acción invasiva en la que uno o varios objetos punzantes atraviesan dichos elementos para producir una resistencia mecánica que impida su separación. Dependiendo de la dureza y resistencia de los materiales, se podrá resolver mediante alfileres, chinchetas, tachuelas, clavos, etc. Resulta habitual en presentaciones temporales (maquetas, exposiciones, etc.) o cuando no importa deteriorar el producto o el soporte y la dureza de este último recomienda esta solución (pósters sobre la pared, madera, etc.)

Uso de chinchetas para presentar un producto gráfico

 Sabía que...

A veces, por cuestiones estéticas o comerciales, se llega a recurrir a todo tipo de elementos para clavar un producto (tenedores, cuchillos, hachas, estacas, etc.).

Atornillar

Se trata de una variante de clavar, en la que el objeto u objetos que aseguran la unión poseen la particularidad de presentar un cuerpo roscado helicoidal, por lo que en lugar de clavarse deben atornillarse, permitiendo su retirada y reutilización. Normalmente, los productos susceptibles de someterse a este proceso están preparados para ello de antemano con unos orificios taladrados (carteles, señales, etc.).

Señal atornillada a superficie

Coser

Tipo de enlace originario del mundo de la confección, fundamentado en la ligadura de los componentes, que se realiza mediante el ensartado de estos con hilo y su posterior anudado. Más allá de su posible uso como parte del proceso de encuadernado, este tipo de atadura se utiliza comúnmente para telas y pieles o por cuestiones puramente estéticas (pancartas, mosaicos, invitaciones, tarjetas de felicitación, etc.).

Unión de elementos mediante cosido

Conformar

Aunque el montaje de un objeto volumétrico a partir de uno o varios elementos planos no se pueda entender estrictamente como una colocación sobre el soporte, se incluye esta opción dado que, mediante pliegues, enlaces u otras formas de unión, el producto llega a convertirse en su propio soporte. Se utiliza frecuentemente en elementos promocionales o de uso temporal y desechable (calendarios cúbicos, portalápices, cartuchos de palomitas, objetos decorativos, escaparates, etc.).

Producto gráfico conformado

 ## Actividades

23. Resuma en un cuadro las opciones de unión de producto y soporte más habituales con sus principales virtudes y defectos.
24. Cite un ejemplo real de aplicación de cada una de las formas mencionadas de relacionar el producto con el soporte.

Aplicación práctica

Usted participa en la preparación de los productos de un congreso científico, consistentes en unos pósters de exposición que se situarán en unos paneles de corcho, unos folletos informativos, unas botellas rellenables con el logotipo del congreso para los asistentes y las correspondientes tarjetas identificativas. ¿De qué forma solventaría estas uniones?

SOLUCIÓN

Los pósters que se colocarán en los paneles pueden ir grapados o clavados con algún elemento ligero (por ejemplo, chinchetas), siendo ambas opciones totalmente válidas.

Por el tipo de elemento que es, las botellas deberían llevar el logotipo (impreso sobre un material resistente al agua) adherido con alguna solución que no se deteriore por la humedad. Los folletos deberían disponerse en algún tipo de expositor que facilitase su accesibilidad. Por último, las tarjetas de identificación tienen que ser visibles para los asistentes, de forma que deberían estar dispuestas desplegadas sobre una superficie suficientemente amplia como para que no se solapasen.

Encuadernación

Más allá de las posibles formas de unión, entre producto y soporte, comentadas, también se puede entender que la agrupación y conexión de elementos gráficos con la participación de componentes funcionales para dar lugar a un producto más complejo es otra forma de colocación en el soporte. Esto se conoce por **encuadernación.**

Encuadernación de novela gráfica

Definición

Encuadernar

Es el proceso por el que se agrupan y unen las páginas que formarán una publicación para ser unificadas, ofrecer una mejor presentación, adquirir una mayor resistencia al deterioro y hacer más cómodo su manejo, transporte y almacenamiento.

El resultado de este procedimiento será, en definitiva, un libro en alguna de sus múltiples variantes. Básicamente, la encuadernación consiste en ordenar y aglomerar las páginas, pliegos o cuadernos que formarán este libro, protegiéndolo entre dos piezas de mayor consistencia para consolidarlo en un único objeto.

Si bien la encuadernación no es el destino mayoritario para los productos gráficos (como sí sucede en el resto de los productos editoriales) existe una gran cantidad de elaboraciones desarrolladas a partir de estos (calendarios, cómics y novelas gráficas, catálogos comerciales, etc.).

Este procedimiento actual es, en esencia, idéntico al medieval, que evolucionó con la imprenta y la revolución industrial, hasta la situación presente.

Pese a que las encuadernaciones más elementales son simples aglutinados de páginas basados en procesos elementales (alzado o embuchado) o resultado de la unión sustancial de estos (grapado o cosido), existen otras variantes usuales que se exponen a continuación:

- **Canutillo:** sistema de unión de bajo coste en el que se unifica el contenido mediante el elemento que da nombre a esta técnica, consistente en una abrazadera dentada cilíndrica de plástico.
- **Espiral:** opción económica en la que se agrupan las páginas entre dos tapas mediante un alambre helicoidal.

- ***Wire-o:*** solución a medio camino entre las anteriores, en la que la unidad se consigue gracias a una pieza de alambre de forma tubular que evita que se desarme y asegura el funcionamiento en forma de libreta.
- **Anillas:** sistema de agrupación muy elemental resuelto con el taladrado de las hojas y la introducción de estas en unas anillas de fácil apertura.
- ***Fastener:*** es una opción parecida a las anillas, con el matiz de que, en lugar de recurrir a estas para la unión, se opta por un objeto (de igual nombre que el sistema) compuesto por unas láminas que abrazan el documento y un pasador que lo asegura.
- **Térmica:** proceso en el que las páginas se sitúan en el interior de una carpetilla predispuesta con un adhesivo que, al ser sometido a calor, se derrite, unificando el conjunto.
- **Rústica o tapa blanda:** sistema complejo en el que las páginas se agrupan ordenadamente en el interior de unas cubiertas flexibles, a la que se fijarán mediante cola. Hay dos variedades:

  - Pegada: cuando la unión se basa en el encolado.
  - Cosida: cuando además de encolar se cosen las hojas.

- **Tapa dura:** opción similar a la rústica, salvo por que el documento se dispone entre unas cubiertas de tapas rígidas. Existen varias alternativas:

  - Encartonada: cuando la totalidad de la cubierta está protegida con un material uniforme (tela, papel, piel, etc.)
  - Cartoné: cuando las tapas se cubren con cartulina y únicamente el lomo con piel o tela.
  - Tapa suelta o a la inglesa: cuando la unión entre las hojas y la cubierta solo se produce por la tapa, quedando el lomo libre.

- **Copta:** solución en la que se agrupan las páginas entre dos tapas rígidas para fijar el conjunto mediante el cosido del mismo, dejando las costuras, normalmente decorativas, visibles en el lomo.

Actividades

25. Busque información y resuma brevemente cuáles son los antecedentes de la encuadernación contemporánea. Realice un breve resumen.
26. Identifique las siguientes encuadernaciones. Justifique su respuesta.

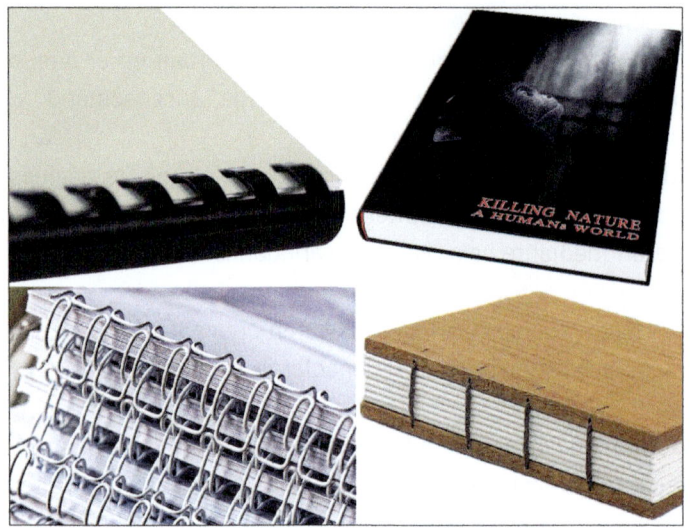

Aunque los sistemas de encuadernado más básicos (canutillo, espiral, *wire-o,* anillas, etc.) no tienen buena aceptación en el mundo editorial en generla, son soluciones usadas con cierta asiduidad en los productos gráficos (álbumes coleccionables, calendarios, etc.). Sin embargo, es cierto que para los productos de mayor calidad, y en especial aquellos que tienen formato de libro tradicional (catálogos, novelas gráficas, etc.), suele recurrirse a las variantes más sofisticadas y cuidadas (rústica, encartonada, cartoné, etc.).

Encuadernación en proceso

Más allá de la cuestión estética, la selección del tipo de encuadernación tendrá que satisfacer razones estrictamente prácticas, como el grado de apertura, el peso del conjunto o su manejabilidad. Es decir, que por muy bien resuelta que esté la apariencia de producto, si no cumple unos determinados requerimientos funcionales, la solución resultará inadecuada.

 **Ejemplo**

Aunque una encuadernación a la inglesa en sucedáneo de piel envejecida pueda ser muy apropiada para una novela gráfica de temática medieval, no será una opción aceptable para un calendario de pared, que necesitará un mayor ángulo de apertura y menor peso, por lo que una espiral o *wire-o* serán soluciones más acertadas.

5.3. Métodos adhesivos, de plegado y otros métodos

La aplicación de todos los procedimientos que darán como resultado la maqueta conlleva una metodología de ejecución específica en cada circunstancia, de la que depende el mayor o menor acierto en la resolución de esta acción.

Métodos de adhesión

En cuanto a la adhesión, aunque el método exacto de uso dependerá significativamente del tipo de producto que se utilice, hay una serie de pasos que pueden ser comunes a todos ellos:

- **Limpieza de las superficies,** para retirar cualquier tipo de contaminante que pueda entorpecer la unión.
- **Pretratamiento,** para retirar la capa externa del material en la zona de empleo del adhesivo para mejorar su impregnación y adherencia.
- **Postratamiento,** añadiendo otros productos químicos durante la fase de aplicación del adhesivo para modificar las propiedades de la unión resultante.

 Sabía que...

La aplicación de los adhesivos puede producirse a partir de un producto líquido (como los cianocrilatos), viscoso (como la cola blanca), plástico (como la silicona), pulverizado (en aerosol) o sólido (como la masilla química o el reverso de los sellos).

Independientemente de esto, cada categoría de adhesivo poseerá unas características singulares que modifiquen el método de uso:

- **Adhesivos con base acuosa:** se fundamentan en la dispersión de polímeros en agua, fraguando por evaporación. Se aplica en una de las superficies y, acto seguido, se une a la otra. Son muy apropiados para materiales porosos que no se deterioran con la humedad.
- **Adhesivos con base solvente:** similar a los de base acuosa, con la particularidad de que la dispersión se produce en un disolvente. Tienen un funcionamiento igual, salvo que requieren comprobar que el disolvente no daña los materiales a unir.

- **Pegamentos de contacto:** necesita de la aplicación en ambas superficies a unir y un tiempo de secado tras el que se procede al pegado mediante contacto y presión.
- **Termofusibles:** requieren de calor para adquirir una consistencia fluida en la que presentan una adherencia que mantienen una vez solidifican.
- **Reactivos monocomponentes:** el adhesivo se basa en la reacción del producto con un elemento presente en el ambiente o en el material a unir, por lo que tras aplicarlo en una de las piezas y unirlo, será el tiempo quien consolide la unión.
- **Reactivos de dos componentes:** parten de dos productos que, al combinarse en una determinada proporción, se convierten en un adhesivo que empieza a fraguar, por lo que necesitan un uso inmediato y un tiempo de secado adecuado.
- **Autoadhesivos:** mantienen su capacidad de adhesión de forma ilimitada, pudiendo pegarse y despegarse reiteradamente. Por esto, es característico de pegatinas, notas o cintas adhesivas, etc.

Importante

Las propiedades del adhesivo que intervienen en la unión son su cohesión (resistencia interna) y su adherencia (agarre a otras superficies).

Actividades

27. Elabore un cuadro resumen que recoja las diferentes clases de adhesivos vistos en este apartado.

Métodos de plegado

En cuanto al plegado, dentro de las múltiples posibilidades existentes, los más comunes (especialmente en el mundo editorial) son en paralelo y en cruz o en perpendicular. Así, cada nombre alude a la dirección relativa entre los pliegues sucesivos. Con estas dos opciones, es posible resolver la mayor parte de los productos gráficos y demás publicaciones ordinarias.

El método de plegado dependerá del instrumental con el que se ejecute, siendo este, en el contexto editorial, una maquinaria específica.

Plegado por bolsa

Este método se sustenta en unos rodillos rotatorios que transportan la hoja hasta un punto determinado por un tope regulable, para proceder a la formación de un pliegue bien definido mediante un movimiento inverso de los rodillos de plegado. Es un sistema rápido y eficaz, que puede aplicarse a una gran producción.

Plegado por bolsa

Bolsa plegadora

Tope regulable

Entrada del pliego impreso

Rodillos plegadores

Plegado por cuchilla

En este método, el transporte de la hoja se resuelve mediante cintas de transmisión hasta alcanzar la posición adecuada en la que una cuchilla perpendicular a la superficie presiona verticalmente, introduciendo la hoja entre los rodillos plegadores.

En este caso, la velocidad del proceso depende del movimiento de la cuchilla.

Plegado por cuchilla

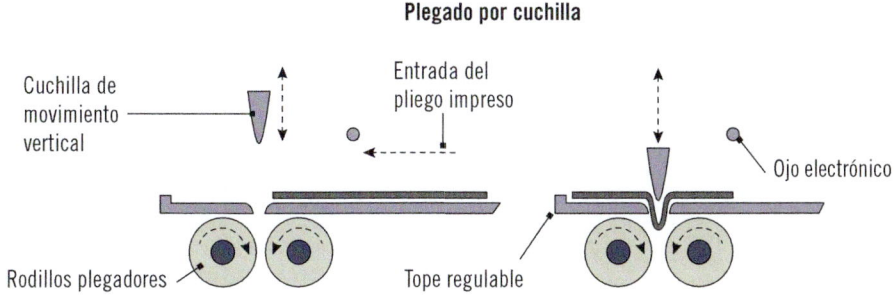

Plegado por embudo

Se trata de un método de plegado característico de maquinaria de impresión en bobina continua, en el que el rollo de papel es canalizado en forma de "v" hasta unos rodillos que definen el pliegue.

Plegado por embudo

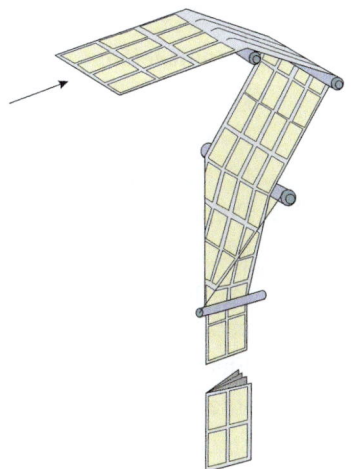

Nota

La resolución de pliegues perpendiculares o en cruz mediante maquinaria se resuelve habitualmente mediante la disposición ortogonal de estas.

 Actividades

28. Comente con sus palabras, de forma escueta, cómo se produce el plegado por los métodos comentados (por bolsa, por cuchilla y por embudo).

Otros métodos

Existe una innumerable variedad de métodos asociados a los diferentes procedimientos y técnicas aplicables al producto gráfico o la maqueta, no obstante, es posible esquematizar un **método genérico** para todos ellos siempre y cuando, a la hora de su empleo, se atienda a las particularidades de cada caso:

1. **Planificación:** es necesario prever qué actuaciones se llevarán a cabo para la elaboración del producto, de forma que puedan contemplarse a lo largo de todas las etapas de producción, desde el diseño inicial hasta la selección de materiales o la compatibilidad de procedimientos.
2. **Preparación:** una vez conocido el proceso a utilizar, habrá que analizar sus características y los posibles métodos de aplicación, para tomar las medidas necesarias para que el producto quede acondicionado para recibir el tratamiento.
3. **Ejecución:** el procedimiento se debe llevar a cabo siguiendo las instrucciones y normas de seguridad precisas para que el trámite cumpla su cometido de forma apropiada.
4. **Revisión:** todo proceso debe terminar con una comprobación que verifique satisfactoriamente el método a tenor del resultado obtenido.

Aplicación práctica

Sintetice la secuencia de pasos que habría que seguir para aplicar correctamente el método con el que pegar una tarjeta impresa en papel verjurado grueso de 15x20 cm sobre una chapa de madera de olivo de 30x30x2 cm.

SOLUCIÓN

Para empezar, habría que estudiar el diseño de la tarjeta en relación a la madera y a la posición que ocupará sobre esta.

Seguidamente, se tendría que adecuar la superficie de la chapa (asumiendo la del papel como apropiada), lijándola y limpiándola para eliminar restos y aumentar su porosidad.

Posteriormente, se debería marcar la posición que ocuparía la tarjeta para aplicar una capa delgada de cola blanca (para que no deteriore el papel) y situar el documento en su lugar, asegurando su acierto y aplicando cierta presión hasta esperar el tiempo recomendado por el suministrador del adhesivo.

Una vez secado, se verifica la corrección del resultado, procediendo a limpiar los posibles restos y restaurando posibles defectos puntuales (salpicaduras, manchas, etc.) antes de dar el proceso por terminado.

Recuerde

El método para aplicar cualquier procedimiento a un producto o maqueta puede resumirse en: planificación, preparación, ejecución y revisión.

6. Creación de maquetas de *packaging*

Los productos de **packaging,** además de presentar los contenidos del diseño (recursos gráficos, información sobre el elemento al que están vinculados, etc.)

de forma atractiva, deben cumplir unos requisitos sustanciales para la validez de su elaboración, que van desde proteger el contenido (si se trata de un contenedor) hasta resistir el transporte o una manipulación normal sin deteriorarse.

Definición

Packaging
Es como se conoce al conjunto de componentes que participan en el embalaje, empaquetado, etiquetado o envasado de un determinado objeto o producto comercial. También se habla de *packaging* para aludir a cualquier intervención relacionada con el diseño o la definición de estos elementos.

En este sentido, será conveniente que, de forma general, las maquetas de este tipo de productos o, al menos, alguna de ellas se presente como un prototipo real en el que puedan valorarse estas condiciones de consistencia, peso, resistencia al deterioro, etcétera, que solo son perceptibles a partir del contacto con un modelo físico.

Ejemplo de diseño plano y compuesto de maqueta de *packaging*

La concreción de esta maqueta será el resultado de la impresión sobre el soporte elegido, así como su manipulación mediante determinadas intervenciones, que terminarán de definir sus aspectos estéticos, formales y funcionales, y que acabarán por reflejarse en el producto de *packaging* finalizado.

Recuerde

Las técnicas y procedimientos más habituales que actuarán sobre el producto tras la impresión son: doblado, plegado, corte, hendido, plastificado, barnizado, estampado, perforado, grabado, taladrado, troquelado, pegado, modelado, desbarbado, cosido, grapado y encuadernado.

Igualmente, puede darse el caso (de hecho, es muy habitual) en el que el producto de *packaging* esté compuesto por un documento impreso y un soporte al que deba unirse, bien por cuestiones meramente funcionales o bien por razones de apariencia y presentación. En estas circunstancias, es necesario considerar cuestiones prácticas (concordancia y orientación), para asegurar el buen funcionamiento del producto, y cuestiones estéticas (soporte, elementos y métodos de unión), respetando la intención comunicativa del creador.

Actividades

29. Elija y fotografíe un producto de *packaging* que tenga en casa y escriba cómo podría elaborarse una maqueta de este con un presupuesto muy económico.
30. ¿Cree que es necesario que los productos de *packaging* cuenten siempre con una maqueta física? Justifique su respuesta.

6.1. Cartones y sus propiedades

Precisamente el cartón es uno de los materiales más usados para la elaboración de productos de *packaging* puesto que posee unas características que lo hacen adecuado para las diferentes funciones que este tipo de elementos puede requerir: mejorar la durabilidad de documentos impresos (etiquetas), proteger un determinado contenido (embalajes) o facilitar el orden y apilamiento (cajas).

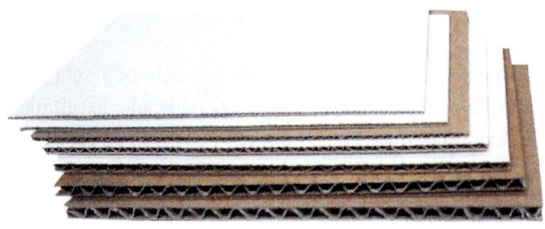

Diferentes tipos de cartón

 **Definición**

Cartón
Producto derivado del papel, elaborado a partir de este, con una mayor consistencia y resistencia mecánica, que suele usarse para cajas, carteles, manualidades, todo tipo de soportes e, incluso, mobiliario.

El empleo de uno u otro tipo depende de sus propiedades, que varían en función de la clase de cartón al que se recurra:

- El **cartón compuesto sencillo** está sustancialmente formado por dos capas de papel externas con un alma de papel corrugado. Por ello, tiene la particularidad de presentar una buena resistencia mecánica a esfuerzos en el plano del soporte paralelos a la dirección de la onda del corrugado, mientras que se dobla fácilmente y en el sentido perpendicular a esta. Además, es muy eficiente estructuralmente, puesto que consigue una considerable rigidez con un peso muy bajo.
- El **cartón compuesto complejo** depende de su conformación. Si las sucesivas capas mantienen una disposición paralela de las ondas del corrugado, se ganará resistencia, manteniendo las propiedades del sencillo.

Por contra, si la dirección del corrugado es ortogonal entre las capas sucesivas, el material tendrá una inercia mucho mayor, haciéndolo más consistente e imposibilitando el doblado sin romperlo.

- El **cartón compuesto** en el que el alma no está formada por un corrugado paralelo a las capas exteriores (hay muchas variedades diferentes) suele ser elaborado para un uso específico, optimizando las condiciones de resistencia, maleabilidad y peso a los requerimientos del elemento en particular (puertas, muebles, grandes carteles, etc.).
- El **cartón compacto,** o **cartón piedra,** es un conglomerado de fibras de papel y aditivos secados y prensados que tiene una dureza mucho mayor que el compuesto, aunque menor resistencia mecánica, es decir, resulta más sencillo de doblar o plegar (al menos con espesores delgados) pero es más difícil de deteriorar, arañar, abollar o rasgar. No obstante, a causa de su compactación, es bastante denso, es decir, es un material relativamente pesado.

Tanto en el mundo editorial como en el de la producción industrial, habitualmente el cartón compuesto se encuentra en mayores espesores (entre 1 y 10 milímetros, pudiendo encontrarse excepcionalmente mayores grosores) y suele usarse en elementos portantes, apilables o de cierto tamaño. Por su parte, el cartón compacto rara vez está por encima de los 5 milímetros, y se encuentra en componentes pequeños o que no deben soportar carga.

 Sabía que...

El 20 % de la basura producida en el hogar medio es papel y cartón, superando el 50 % en gran parte de los sectores de negocio. El reciclaje de estos desechos implica un ahorro del 86 % de agua y un 65 % respecto a la producción virgen (a partir de árboles).

Actividades

31. Para comprobar su aplicación cotidiana, encuentre 3 productos de *packaging* en los que se haga uso del cartón compuesto y otros tantos en los que esté presente el cartón compacto.
32. Comente con sus propias palabras y de forma argumentada qué criterios seguiría para decantarse por un tipo de cartón u otro a la hora de realizar una maqueta de *packaging*.

La abundante presencia del cartón en todo tipo de productos no es una cuestión azarosa ni de modas, sino que se sustenta en unas razones que lo hacen idóneo para esta función:

- Posee unas condiciones mecánicas suficientes.
- Es bastante ligero.
- Permite trabajarlo y manipularlo con cierta facilidad.
- Puede presentar acabados muy diferentes.
- Es reciclable.
- Tiene un coste reducido.

Sabía que...

El uso del cartón se ha extendido alcanzando todos los ámbitos, siendo posible encontrar desde muebles hasta un edificio construido íntegramente a partir de este material. En Finlandia es una tradición que la primera cuna del bebé sea de cartón, e incluso hay ataúdes biodegradables elaborados con dicho material.

6.2. Adhesión del diseño al cartón

La impresión directa sobre cartón tiene su origen hacia 1920 en Estados Unidos, siendo muy tosca hasta mitad de siglo, cuando la aplicación de la flexografía permitió incorporar el diseño gráfico a esta superficie. Aunque estas técnicas tardarían años en difundirse, actualmente la impresión sobre este material (y otros muchos) es algo común.

No obstante, es frecuente que las tareas de diseño gráfico y producción del soporte se disocien, teniendo lugar la impresión de forma independiente para una unión posterior. Aunque las diferentes opciones posibles de materiales constituyentes del producto (papel, madera, tela, plástico, etc.) requieran distintas metodologías y formas de composición (fijado, clavado, cosido, grapado, etc.), lo más usual en el contexto del *packaging* será el uso de cartón o papel y su unión mediante adhesión.

Importante

Cualquier clase de papel, aunque esté plastificado o barnizado, a la hora de la unión se considerará papel convencional siempre que se adhiera por el lado que no ha recibido tratamiento.

En este sentido, no cualquier clase de pegamento es compatible ni apropiada para la elaboración de estos productos, pudiendo generar una mala unión o resultados indeseables (rugosidad, manchas, etc.) a causa de las necesidades de fraguado o sus propiedades químicas.

Por todo ello, las soluciones más utilizadas para la adhesión del diseño impreso al soporte de cartón son:

- **Unión con adhesivos con base acuosa:** necesitan de la evaporación del agua en la que están suspendidos los polímeros para que estos se aglutinen dando lugar a la unión, por lo que al menos una de las dos superficies a unir debe ser porosa (como el cartón). Puede presentarse con una consistencia variable (desde muy fluido a muy espeso) que afectará a las necesidades de fraguado para producir una unión resistente: presión, temperatura y tiempo de secado. Son pegamentos estables y de fácil limpieza, que por su rápido desarrollo de la adhesión permiten una alta productividad. El más usado es el acetato de polivinilo (PVA).

■ **Unión con adhesivos reactivos monocomponentes:** requieren de la presencia de un catalizador o de un elemento que participe de la reacción químico-física que, en este tipo de productos de cartón, es la humedad ambiental, la cual interacciona con el adhesivo gracias a la porosidad del material. Tras el tiempo de secado, resulta una unión estable y muy resistente. Aunque es posible encontrar tanto los cianocrilatos como las siliconas, son los poliuretanos los de mayor presencia en esta industria.

Adhesión del diseño al cartón

Actividades

33. ¿Qué ventajas piensa que puede tener la unión del diseño impreso al soporte en lugar de la impresión directa sobre este?

En caso de que los componentes que participen de la unión se salgan de los más habituales (plásticos, telas o metales, en lugar de papel y cartón) será necesario atender a las particularidades de cada adhesivo para respetar las condiciones de pegado o fraguado y evitar conflictos de corrosión (en metales), descomposición (en plásticos) o cualquier otro inconveniente que merme la calidad de la adhesión.

De cualquier manera, cada tipo de unión, en función de los materiales y productos que participen de la misma, tendrá que atender a unos determinados aspectos para asegurar la consolidación estable de esta:

- Características de las superficies a unir.
- Espesor de la capa de adhesivo.
- Requisitos de secado.
- Propiedades del adhesivo ya fraguado.
- Condiciones necesarias para su buena conservación.

6.3. Medición de la maqueta

En el caso de que la ejecución de la maqueta implique la fabricación de un objeto físico, las medidas del mismo dejarán de ser un valor abstracto, cuya representación virtual solo afectaría a las proporciones del diseño, para convertirse en una dimensión real concreta.

Esto es especialmente significativo cuando el producto gráfico es un elemento tridimensional, como sucede frecuentemente en el *packaging*, en lugar de plano, puesto que la concordancia de las medidas es esencial para la conformación adecuada del volumen. Todo ello, sin olvidarse de las pestañas, dobleces u otros elementos estructurales que puedan resultar parte imprescindible para la correcta configuración del modelo.

Igualmente, se tendrán que tener en consideración los excesos de material que sirvan para envolver, solapar o servir de margen que eliminar tras la correcta unión.

Por todo ello, se entiende que las dimensiones de la maqueta física deben medirse y plasmarse sobre un plano.

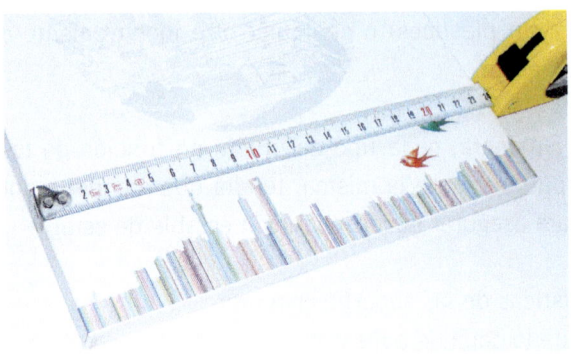

Medición de la maqueta

Nota

Aunque tradicionalmente el embalaje era un elemento marginal al que no se le prestaba la menor atención, hoy puede llegar a recibir bastante importancia, especialmente en los productos de gama alta, en los que esta presentación es un punto más en el que distanciarse de la competencia.

Así, la definición formal de las maquetas de empaquetados o embalajes tendrá que considerar, además de los parámetros y factores de diseño, los siguientes aspectos:

- Las necesidades de protección del producto contenido.
- Las condiciones de transporte y almacenaje (golpes o peso a soportar, etc.).
- La posición y forma en que se abrirá el paquete y se accederá al producto.
- La presentación del producto en el interior de la caja.

Empezando con las medidas y la descripción geométrica del soporte, se realizará la substracción a partir, normalmente, de una plancha plana. Si bien hasta hace unos años la ubicación del producto era algo aleatorio, en la actualidad se evalúan (de manera informatizada) las posibles combinaciones de colocación de las piezas para determinar la disposición más eficiente (con menor desperdicio material).

 Actividades

34. Consiga una caja con un diseño impreso (por ejemplo, una caja de cereales, de un juguete, etc.) que pueda desbaratar. Tome todas sus medidas y refléjelas en un dibujo de la maqueta.
35. Encuentre y fotografíe un embalaje. Resuma qué aspectos se han tenido en cuenta para el diseño y la definición de este embalaje.

6.4. Creación de troqueles manuales

Si el troquelado es el corte, pliegue o hendidura de una forma compleja sobre una superficie, el instrumento que posibilita este procedimiento, el troquel, es la herramienta (o máquina) que ejerce presión a través de un patrón o matriz específica (que puede ser más o menos sencilla) de corte, hendido o plegado en el soporte que padece su acción.

Esta manipulación puede realizarse mediante un troquel manual, cuyo funcionamiento es similar al de una taladradora de papel, es decir, que mediante un mecanismo de palanca se impulsa la matriz contra la superficie a troquelar. Esta es una solución para usos domésticos o para producciones muy cortas.

Sin embargo, para una labor profesional o en la que la publicación sea de una tirada extensa, es necesario recurrir a las alternativas industriales automatizadas, pudiendo ser las mismas:

- **De sistema plano,** cuando la matriz es plana, está situada en paralelo a la superficie y actúa con un movimiento cíclico perpendicular a esta.
- **De sistema rotatorio,** cuando la matriz se dispone sobre un cilindro, en contacto con el soporte, sobre el que ejerce una acción continua aunque tangencial.

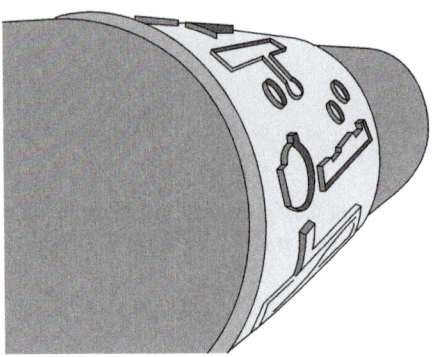

Matriz de corte de un troquel rotatorio

? Sabía que...

El reciente desarrollo del "troquelado láser" posibilita una solución alternativa de corte para aquellos diseños cuya facturación tradicional era excesivamente costosa o complicada.

Aunque la automatización de muchos procesos de corte y modelado (mediante control numérico) es una realidad que comienza a tener incidencia en la creación de troqueles, aún es habitual que su producción sea manual mediante un trabajo artesanal que da como resultado el patrón o patrones que participan del troquelado.

 **Definición**

Control numérico
Sistema de control automatizado de maquinaria basado en la programación informática y la lectura de un archivo.

6.5. Pliegues del troquel

Mediante la adecuada configuración de la matriz, el troquel puede producir tanto pliegues como hendidos que faciliten el doblez o plegado posterior.

Sin embargo, aunque la calidad de los resultados de pliegues con instrumentos manuales (si se tiene suficiente cuidado) o con maquinaria industrial pueda llegar a ser tan preciso como cualquier otro sistema (como las plegadoras), no es habitual que se recurra a estas herramientas para producir pliegues aislados.

En este punto, el uso del troquel sí tiene sentido cuando la acción comporta simultáneamente más de una manipulación (corte, hendido, plegado, etc.), de forma que el conjunto de intervenciones se configuran durante la elaboración de la matriz para obtener un resultado que recoja todos estos procesos de una sola vez. Con esto se consigue reducir las maniobras por parte de operarios (movimiento y colocación del soporte en la máquina) que puedan conllevar el error humano.

 Nota

El troquelado es una técnica muy utilizada para la creación de cajas y embalajes, puesto que permite desarrollar el corte y las marcas de plegado sobre la superficie de una sola vez.

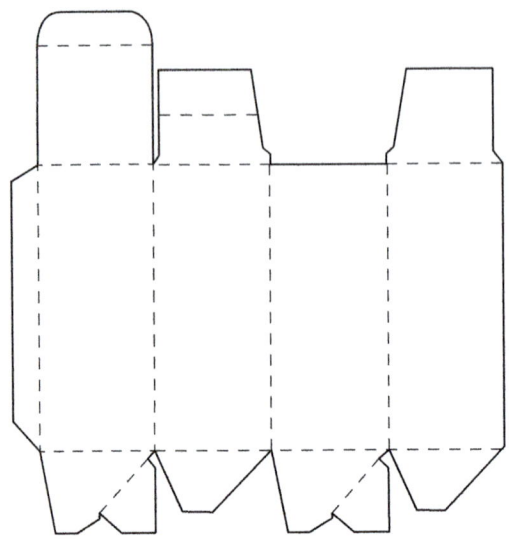

Diseño de corte y pliegue de la matriz del troquel para una caja

Asimismo, es posible que las diferentes actuaciones a realizar mediante el troquel no se produzcan de manera simultánea, sino que se sucedan de forma secuencial, bien mediante la participación de diferentes patrones de un mismo instrumento o con un proceso automatizado por pasos. En todo caso, la diferenciación del procedimiento se dará por cuestiones prácticas.

 Actividades

36. Para la creación de una maqueta de una caja singular en la que se recortará el perímetro y se definirán unos pliegues mediante el troquel de forma independiente, ¿qué manipulación se llevará a cabo primero y cuál después? Justifique la respuesta.

6.6. Adhesivos de cierre

Tanto por una cuestión de presentación, como para evitar una posible apertura accidental (o malintencionada) que pueda provocar daños o pérdidas que disminuyan el valor del producto contenido, o simplemente deterioren el aspecto del empaquetado, resulta habitual recurrir al cierre o sellado de los productos de *packaging*.

Importante

El hecho de que el cierre esté intacto también es señal inequívoca de que el producto contenido se encuentra en perfecto estado, siendo garantía de su conservación.

Es posible encontrar una gran variedad de soluciones de cierre, cada una de las cuales requiere de unas condiciones de aplicación y posee unas características que la hacen especialmente apropiada para un uso concreto. Pueden distinguirse entre:

- La opción más elemental consiste en afianzar el cierre mediante algún tipo de adhesivo, que dependerá de los materiales a unir, debiendo ser tan resistente como para soportar el manejo normal del envase cerrado sin que sufra desperfectos, pero no tan fuertes como para impedir que se abra sin dificultad. En este caso, la apertura habitualmente daña el contenedor.
- También es posible incorporar un elemento externo (normalmente desechable) que evite la apertura, como cintas adhesivas o pegatinas dispuestas a modo de sello. Esta solución es razonable cuando se prevé una extensión de la vida útil del contenedor, puesto que la retirada del elemento de cierre no debe deteriorar el empaquetado.
- Por último, la solución que permite la apertura y cierre consecutiva requiere de un producto autoadhesivo. Suele pertenecer a productos que se van a conservar en su caja y pueden deteriorarse por el ambiente

(comida, pañuelos, etc.). En este sentido, es habitual incorporar algún tipo de sello que se daña si se abre, para así verificar el buen estado del contenido.

Resulta, por lo tanto, esencial conocer las condiciones de uso que se pretende que tenga un envase, puesto que una acertada o errónea selección del sistema de cierre condicionará la viabilidad de dicha función.

 Sabía que...

En ocasiones, se planifica la apertura de un producto como un ritual progresivo que refuerza el deseo hacia el mismo con una dosificación secuencial de información.

6.7. Presentación

Cada vez se le da más importancia a la apariencia externa del producto, siendo esto así puesto que, cuando el consumidor se aproxima a este, no ve el producto en sí (aunque a veces pueda ser visible en su envoltorio), sino que ve el contenedor en el que está y recibe información y estímulos a través del mismo.

Por todo ello, el diseño de elementos de *packaging* cada vez recibe una mayor atención, constituyendo procesos creativos propios y autónomos, aunque irremediablemente ligados a su contenido.

Ejemplo de presentación creativa de un producto con su caja y envoltura

Más allá de las limitaciones funcionales o de presupuesto, es indispensable que la presentación del producto tenga en consideración tanto las características del mismo como el público al que va dirigido y el mensaje que se desea transmitir, de manera que todas las acciones que tengan su reflejo en el *packaging* refuercen (en la medida de lo posible) la intención comunicativa del diseño.

Actividades

37. Analice la presentación externa de algún producto tecnológico (teléfono móvil, *tablet*, cámara de fotos, etc.) y comente qué piensa acerca de esta.
38. Busque un producto en el que considere que la presentación del mismo es inadecuada por lo confuso de su mensaje. Razone la respuesta.

7. Calidad en las maquetas

Dado que una maqueta es una representación del estado de desarrollo puntual de un proceso de diseño que cambia y evoluciona con el tiempo, no siempre será exigible (ni recomendable) una gran calidad, puesto que en ocasiones se pueden conseguir resultados similares o, al menos, suficientes para transmitir o comprobar algo, con materiales y procedimientos alternativos, por lo general, más económicos.

 Importante

Además de la reducción del gasto, otros factores como la facilidad o rapidez de ejecución pueden ser cuestiones a considerar para la selección de unas u otras calidades de la maqueta.

Además, el trabajo con maquetas virtuales o con productos digitales no impresos evita la materialización del mismo, por lo que las calidades estarán asociadas a la mayor o menor definición de los contenidos.

En todo caso, el objetivo (u objetivos) de la maqueta puede variar enormemente de un caso a otro, siendo sus funciones más habituales las siguientes:

- Evaluar el diseño y la maquetación.
- Valorar aspectos tipográficos.
- Comprobar decisiones tomadas.
- Revisar contenidos.
- Contrastar la coherencia entre proyecto y publicación o impresión.
- Juzgar aspectos técnicos propios del diseño editorial.

Ejemplo de diseño de un troquel de una caja, donde se puede observar la línea continua por la que se realizará el corte y la línea discontinua donde irán los hendidos.

Así, hay que tener presente que la maqueta es una prueba de lo que acabará siendo el producto definitivo, por lo que será necesario, además de tener en cuenta los contenidos gráficos, textuales o de diseño, considerar los parámetros físicos característicos del mismo:

- Calidad de impresión o publicación.
- Medidas y forma.
- Materiales utilizados.
- Procedimientos de materialización.
- Colocación en el soporte.

El elenco de decisiones tomadas en relación a estas características derivará en factores tan sustanciales como la forma de uso, la estabilidad o la entereza del producto acabado, lo que, en última instancia, afectará a su distribución y funcionalidad. Es decir, que las características que definan una maqueta la harán adecuada o inadecuada para según qué desempeño.

Ejemplo

Si bien un panel impreso en papel y tensado sobre una estructura ligera puede ser idóneo para exponer una información en interiores (como en una exposición, un congreso, etc.), resultará del todo inapropiada para su uso en exteriores, pudiéndose deteriorar por el viento, la lluvia o la luz solar.

Asimismo, todos estos parámetros tendrán una influencia importante en la manera en la que el receptor aprecie, siendo esto fundamental en la medida en la que se pretenda influir en él, bien sea por el interés en transmitir una información (como en la publicidad), bien por el deseo de instigar hacia una posible compra (como en el *packaging).*

Por todo esto, las determinaciones que vayan a configurar la maqueta requerirán una consideración especial en relación al conjunto de receptores a los que pueda ir dirigido.

En este sentido, además de contemplar (como algo básico) los argumentos funcionales, las cuestiones que precisen el aspecto de la maqueta tendrán que despertar el interés por el contenido del producto.

Aplicación práctica

Se encarga de preparar una publicación impresa que recoja en un único tomo las mejores tiras cómicas de Garfield, para lo cual debe elaborar una maqueta inicial en la que se recoja la idea del proyecto y otra al final del mismo, previa a la tirada comercial. ¿Qué calidades incluiría en cada circunstancia?

Continúa en página siguiente >>

<< Viene de página anterior

SOLUCIÓN

En principio, la maqueta inicial tan solo debería representar el diseño conceptual, por lo que sería suficiente con optar por unas calidades económicas que, eso sí, permitiesen mostrar en qué consiste sustancialmente la propuesta, mostrando las dimensiones (apaisado de 12x20 cm) que tendrá el tomo y con una propuesta de cubiertas y página tipo, que asemejen la apariencia terminada del producto.

Para el prototipo final, por contra, será necesario elaborar un modelo con una calidad igual a la de la tirada definitiva, por lo que tanto los contenidos, como las medidas, materiales y acabados deberán ser idénticos a los del producto terminado, esto es: papel estucado impreso a color con encuadernación rústica pegada con un plastificado laminado mate, etcétera, tal y como se muestra en la siguiente imagen:

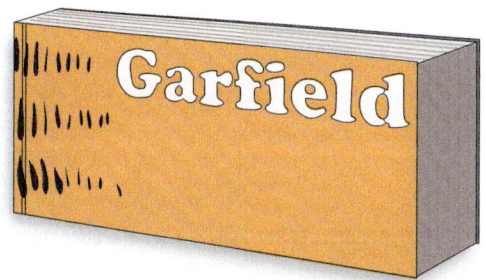

Propuesta de maqueta definitiva previa a la impresión de la tirada del tomo de Garfield

Además, es importante reseñar la revisión de contenidos del producto, puesto que resulta habitual la existencia de erratas, fallos de diseño o errores de impresión que pasen por alto cada uno de los controles previos a la publicación del documento, cuya única solución radica en la repetición sucesiva del ciclo imprimir-comprobar-corregir.

En este punto, la calidad en los contenidos del resultado final dependerá de la cantidad y precisión de las correcciones que eviten el reflejo de estos posibles desatinos en el producto terminado.

Actividades

39. Invente un ejemplo en el que el uso de bajas calidades para una maqueta esté justificado y otro en el que fuese necesario recurrir a buenas calidades.

La saturación excesiva de estímulos que percibe el receptor potencial, a causa de la gran cantidad de oferta existente (anuncios por todas partes, publicidad invasiva, productos comerciales con todo tipo de presentaciones, etc.), hace que la competencia por destacar y llamar la atención del público sea intensa.

 ## Ejemplo

Tan solo con salir a la calle se pueden ver anuncios en las marquesinas, en carteles, directamente en algunos vehículos o recibidos en mano mediante repartidores, lo que hace que el receptor pueda llegar a sentir un hartazgo ante el que sea complicado despertar su interés.

Por ello, resultará sustancial que la primera impresión que tenga el receptor de un producto gráfico sea positiva, favoreciendo la aproximación a sus contenidos (ya sean de carácter informativo, promocional o de fin comercial) y evitando que pase de largo sin detener su mirada sobre este. Por lo tanto, en estas circunstancias, se puede entender el aumento de esfuerzos e inversión tanto en el diseño como en las calidades de las maquetas, en un intento por despuntar sobre la competencia.

 **Nota**

A veces se entiende que en la primera impresión la indiferencia es incluso peor que una opinión negativa, puesto que esta última puede llegar a suponer una segunda oportunidad, más detenida, en la que convencer al receptor.

En general, aunque existen aspectos como el grado de dificultad o el tiempo de ejecución, el principal motivo por el que se elaboran maquetas con errores en los contenidos, materiales sucedáneos y con procesos de peor condición es por el ahorro económico. Es decir, que siendo la producción gráfica un sector más en el que la rentabilidad es una necesidad, la reducción de costes conlleva un mayor margen de maniobrabilidad, que favorece la competitividad del producto y el incremento de beneficios derivados de este.

7.1. Revisión de los aspectos de legibilidad y estética de la maqueta

Cuando se ha dado forma a la maqueta a partir de las fases de impresión, acabado, colocación en el soporte o cualquiera de los procesos que terminan de concretarla, es necesario someter al prototipo resultante a una revisión que calibre la validez del trabajo.

De esta forma, será fundamental escrutar los contenidos del documento de forma crítica atendiendo a los factores estéticos y textuales.

Estética

El control de la cuestión estética tiene que atender a circunstancias relacionadas con la coherencia de diseño y contenido, la calidad de los recursos gráficos, el equilibrio compositivo, el interés visual que despierta, hasta qué punto resulta tentador, provocativo o sugerente, etcétera.

Sabía que...

La importancia de la percepción estética a la hora de transmitir una información es tan importante que hasta el color de la corbata de un político o los presentadores de un informativo son seleccionados en función de esta. De la apariencia (atractivo, empatía, etc.) dependerá el grado de credibilidad o interés que se percibirá en su mensaje.

De cualquier forma, más allá de las teorías estéticas, es un control que depende del criterio personal del revisor (o revisores), por lo que se entiende necesario el contraste de coherencia entre el archivo digital y la publicación a fin de reducir al mínimo la divergencia entre estos.

Asimismo, los aspectos relacionados con la confección de la maqueta (materiales, soporte, elementos de presentación, etc.) tienen que, en la medida de lo posible, favorecer la composición. Por lo tanto, no será razonable ni, en general, admisible que la materialización del prototipo adultere, lastre o desvirtúe la naturaleza del diseño.

En todo caso, en gran parte de los ámbitos de aplicación de la producción gráfica (desde la publicidad más sustancial o los departamentos de *packaging* hasta los equipos de diseño de imagen de marca) se utilizan estrategias y técnicas estéticas destinadas a llamar la atención del público o sugestionar e incentivar a un posible consumidor o cliente.

Definición

Imagen de marca
Es el conjunto de rasgos emocionales y visuales que se asocian con la identidad de una determinada marca.

De cualquier modo, los valores estéticos no podrán predominar sobre la composición o los contenidos de un producto, teniendo que supeditarse al diseño para reforzar la comunicación del mensaje planteado.

 Actividades

40. Seleccione tres productos gráficos diferentes e idee, para cada uno de ellos, cómo podría ser una maqueta estéticamente inapropiada para el producto.

Legibilidad

Aunque en los productos gráficos, el aspecto visual es eminentemente predominante respecto de los contenidos textuales, cuando estos últimos aparecen poseen una importancia sustancial. Por lo tanto, más allá de si se trata de un cómic, un envoltorio o un cartel publicitario (o cualquier otro producto), resulta imprescindible que el mensaje escrito sea legible, de forma que su lectura confortable facilite una comprensión profunda del documento.

 Importante

Dado que los contenidos textuales completan el sentido del producto gráfico y posibilitan la adecuada interpretación del mensaje, resulta esencial que pueda leerse sin dificultad.

Puesto que la legibilidad depende de factores como el tamaño y tipo de fuente, las separaciones entre letras, palabras, líneas o párrafos, el ancho de línea, la disposición de los vacíos o los colores, la impresión de la maqueta tendrá que asemejarse al producto terminado.

Esto será así aun cuando se trate de un modelo de trabajo, y no uno definitivo. Es decir, si se pretenden evaluar los aspectos relacionados con la legibilidad del producto terminado será necesario considerar el tamaño del soporte, el cuerpo de la letra y el contraste entre el texto y el fondo (tintas, color del papel, etc.), a la hora de definir la maqueta.

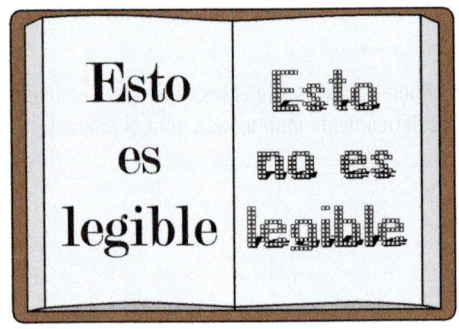

Comparativa de legibilidad

Así, resulta obvio que las alteraciones de escala (reducciones, ampliaciones o deformaciones), las variaciones de color (cambios de tintas, impresión en escala de grises o sobre superficies teñidas, etc.) o la permuta de materiales (tipos de papel, cartones, plásticos, etc.) pueden dar lugar a impresiones poco fieles al producto terminado.

Por todo ello, será esencial que la revisión de los aspectos legibles de la maqueta, más allá de factores de diseño, verifique la adecuación de los parámetros textuales en función del receptor al que se dirija y de las particularidades del medio de publicación.

La revisión de los factores estéticos y de legibilidad tiene por fin certificar que la materialización del proyecto digital en un producto terminado no provoca complicación alguna para la comunicación de su contenido, y, si es posible, favorece la transmisión y el calado de estos.

 Aplicación práctica

La empresa en la que trabaja está desarrollando unos paneles impresos a color sobre papel estucado en tamaño DIN-A0 para una exposición arqueológica, en los cuales se incluyen fotografías, infografías y textos explicativos. Finalizada la composición de estos, usted elabora unas maquetas para revisar la legibilidad de los textos, y para ahorrar costes produce unos impresos sobre el mismo tipo de papel, a escala de grises, en DIN-A2, que son rechazados por el equipo de revisión. ¿Qué fallos ha cometido y cómo sería una maqueta apropiada?

SOLUCIÓN

Aunque la maqueta que ha propuesto sea económica y pudiera valer para revisar el diseño u otros aspectos, es inadecuada para la legibilidad, puesto que la reducción de la impresión dará lugar a unos textos de mucho menor tamaño que el producto terminado, por lo que sería imposible evaluar el grado de legibilidad.

Igualmente, la impresión sin color impide verificar la validez del contraste cromático, que también influirá en la facilidad de lectura de los contenidos.

Aun manteniendo el tipo de papel, una maqueta sobre la que se vaya a examinar la legibilidad no debe pretender un ahorro suprimiendo el color, salvo que se tenga una certeza absoluta en el adecuado contraste (como en un texto azul oscuro sobre fondo blanco) puesto que el modelo puede ser inútil.

En cuanto al tamaño, aunque si un texto es legible a una escala menor lo será a una mayor, siempre es preferible valorar la calidad de lectura sobre la dimensión real de letra, para evitar también cuerpos excesivamente grandes.

En definitiva, la mejor solución sería optar por una impresión de la maqueta con unas condiciones iguales a las del producto.

7.2. Corrección de maquetas para elaborar la maqueta definitiva

El proceso que comienza con una idea inicial o concepto a partir del que se elabora un diseño que se va desarrollando poco a poco hasta dar lugar a un producto gráfico no es un camino lineal, sino que tiene cambios, correcciones y matizaciones que lo hacen evolucionar hacia un resultado que, en ocasiones, dista mucho del punto de partida.

Toda esta evolución normalmente no es variable por un desarrollo caprichoso (aunque pueda serlo) sino que su configuración final se verá modificada por las apreciaciones observadas durante el proceso, las cuales son, frecuentemente, percibidas durante la concreción de diferentes ensayos y maquetas.

Sin embargo, este proceso que puede llegar a alargarse indefinidamente en un ciclo de trabajo-modelo-revisión-corrección, tiene que concluir en un determinado momento.

Consejo

Pese a que cada maqueta pueda prevenir fallos en el producto final, no tiene sentido producirlas constantemente. Es recomendable realizar alguna cada vez que se dé por concluida una fase del proceso.

Es decir, pese a que cada maqueta sea una ocasión para comprobar el progreso del proceso y mejorar aquellos aspectos susceptibles de ello, en ocasiones se eluden estas correcciones.

Por todo ello, es muy importante, por no decir imprescindible, que antes de proceder a la publicación del producto, se realice una prueba final sobre la que realizar las comprobaciones, enmiendas y reparaciones necesarias para impedir la aparición de erratas o fallos en la maqueta definitiva que sirva de prototipo para la reproducción del producto.

8. Resumen

La maqueta es un modelo que, con mayor o menor fidelidad de contenidos, escala o materiales, mantiene la esencia del producto gráfico al que representa.

En este sentido, su grado de definición y detalle dependerá de la finalidad a la que esté avocada, pudiendo constituir desde un instrumento de trabajo para contrastar la evolución del proyecto, hasta un ejemplar para mostrar al cliente o un prototipo que reproducir.

Si bien existen los modelos virtuales o digitales, lo convencional es la materialización de alguna maqueta física, para lo que será necesario recurrir a una serie de materiales (papel, cartón, etc.), componentes (tintas, adhesivos, etc.) y procedimientos (impresión, adhesión, etc.).

No obstante, todos los procesos implicados en el desarrollo de la maqueta deben tener en consideración tanto a los agentes involucrados en su producción (para confeccionar instrucciones que aseguren su correcta ejecución) como a los condicionantes funcionales (a quién va dirigido, cómo se usará, etc.) y ambientales (de qué forma se presentará, dónde se ubicará, etc.).

Independientemente de su elaboración, la maqueta tendrá que ser sometida a una revisión que verifique el resultado de su desarrollo a fin de evitar la repercusión de errores, en una maqueta definitiva, que se reprodujesen en el producto acabado.

Resumiendo, más allá de su finalidad, grado de definición o complejidad, la maqueta es una representación acabada de un instante concreto del cambiante proceso de creación de un producto gráfico.

Ejercicios de repaso y autoevaluación

1. ¿Cuáles son las posibles finalidades de los soportes de productos gráficos?

_____

_____

_____

_____

2. Señale si las siguientes afirmaciones son verdaderas o falsas.

   a. El laminado es un tipo de barnizado.

      ☐ Verdadero
      ☐ Falso

   b. Una maqueta es una representación de un producto terminado.

      ☐ Verdadero
      ☐ Falso

   c. El metal, el plástico y la tela, son materiales que pueden formar parte de un producto gráfico.

      ☐ Verdadero
      ☐ Falso

3. ¿Cuáles son las soluciones más usadas para la adhesión del diseño impreso al soporte de cartón?

   a. De base acuosa o reactivos de dos componentes.
   b. Reactivos de dos componentes o de base solvente.
   c. De base solvente o reactivos monocomponentes.
   d. Reactivos monocomponentes o de base acuosa.

4. Identifique cuál de las siguientes opciones no es uno de los posibles objetivos que condicionan la concreción de la maqueta.

    a. Evaluar los aspectos compositivos.
    b. Contrastar su funcionalidad.
    c. Conservar un registro del proceso.
    d. Calcular el precio de ejecución.
    e. Mostrar el desarrollo del trabajo a un cliente.

5. Enumere los aspectos que deben considerarse a la hora de elaborar unas instrucciones o especificaciones de salida.

    _____
    _____
    _____
    _____

6. Relacione cada tipo de aplicación o uso con la clase de papel más adecuada.

    a. Componer cartón
    b. Impresión ordinaria
    c. Grabados
    d. Pegatinas

    __ Autoadhesivo
    __ Alfa
    __ Offset
    __ Kraft

7. ¿Qué factores habrá que atender cuando sea necesario combinar un elemento gráfico con un soporte?

    a. Prácticos y estáticos.
    b. Los relacionados con el soporte, con el método de unión y con los elementos auxiliares.
    c. Concordancia, orientación y estéticos.
    d. Los económicos.

8. ¿Por qué es esencial que el mensaje textual de un producto gráfico sea legible?

_____

_____

_____

_____

9. Enuncie las cuestiones que definen las decisiones que hay que concretar a la hora de crear una maqueta.

_____

_____

_____

_____

10. Señale si las siguientes afirmaciones son verdaderas o falsas.

    a. Para enlazar un producto con un soporte no se utiliza ningún elemento ajeno a estos.

       ☐ Verdadero
       ☐ Falso

    b. El principal material componente de esta industria es el cartón.

       ☐ Verdadero
       ☐ Falso

    c. La diferencia entre plegado y doblado radica en la dirección en la que se realizan las sucesivas operaciones.

       ☐ Verdadero
       ☐ Falso

11. ¿Por qué circunstancias se suele recurrir a la simulación de acabados en las maquetas?

_____

_____

12. **Complete el siguiente texto:**

Los productos de _____ además de presentar los contenidos del diseño (recursos gráficos, información sobre el elemento al que están vinculados, etc.) de forma atractiva, deben cumplir unos requisitos sustanciales para la validez de su elaboración, que van desde _____ el contenido (si se trata de un contenedor) hasta resistir el _____ o una manipulación normal sin _____.

13. **Marque cuáles de los siguientes materiales son los más usados como soportes de presentación:**

    a. Corcho.
    b. Papel.
    c. Policloruro de vinilo.
    d. Cartón pluma.
    e. PVP.
    f. Acero cortén.
    g. Polipropileno.

14. **¿Cuáles son los principales parámetros que se cotejan con la impresión digital de pruebas?**

_____
_____
_____
_____

15. **¿Qué tipo de impresora habría que usar para imprimir una tirada de un producto que incluyese tintas y barnices?**

    a. Serigrafía.
    b. De transferencia térmica.
    c. Flexografía.
    d. Ecografía.

Bibliografía

Monografías

❙ AMBROSE, G.: *Formato para diseñadores gráficos.* Barcelona: Parramón, 2022.

❙ AMBROSE, G.: *Formato. Bases del diseño.* Barcelona: Parramón, 2008.

❙ AMBROSE, G.: *Layout.* Barcelona: Parramón, 2008.

❙ BEIER, S.: *Trucos de tipografía. Descubre los secretos del diseño de fuentes.* Barcelona: Hoaki Books, 2028.

❙ BIERUT, M.; HELFAND, J.; HELLER, S.; POYNOR, R.: *Fundamentos del Diseño Gráfico.* Buenos Aires: Ediciones Infinito, 2005.

❙ BUEN Unna, J. de: *Manual de diseño.* México: Santillana, 2020.

❙ CHENG, K.: *Diseñar tipografía.* Málaga: Jardín de monos, 2018.

❙ CONTRERAS, F.; SANNICOLÁS, C.: *Diseño gráfico, creatividad y comunicación.* Madrid: Blur, 2001.

❙ FRUTIGER, A.: *El libro de la tipografía.* Barcelona: Gustavo Gili, 2012.

❙ FUENTES, R.: *La práctica del diseño gráfico: una metodología creativa.* Barcelona: Paidos Iberica, 2005.

▌GATTER, M.: *Manual de impresión para diseñadores gráficos.* Barcelona: Parramón, 2011.

▌HALLGRIMSSON, B.: *Diseño de producto. Maquetas y prototipos.* Barcelona: Promopress Ediciones, 2016.

▌JACKSON, P.: *Técnicas de corte y plegado para diseñadores: diseño de material promocional.* Barcelona: Promopress Ediciones, 2015.

▌KANE, J.: *Manual de tipografía.* Barcelona: Gustavo Gili, 2013.

▌LALLANA, F.: *Tipografía y diseño.* Madrid: Síntesis, 2000.

▌LEBORG, C.: *Gramática visual.* Barcelona: Gustavo Gili, 2013.

▌LÓPEZ, A.: *Diseño gráfico digital.* Madrid: Anaya Multimedia, 2019.

▌MORISON, S.: *Principios fundamentales de la tipografía.* Barcelona: Ed. Cuadernos del bronce, 2017.

▌MUNARI, B.: *Diseño y comunicación visual. Contribución a una metodología didáctica.* Barcelona: Gustavo Gili, 2016.

▌POULIN, R.: *Fundamentos Del Diseño gráfico. Los 26 principios que todo Diseñador debe conocer.* Barcelona: Promopress, 2021.

▌ROBERTS, L.: *Good: etica en el diseño gráfico.* Barcelona: Index Book, 2009.

▌SWANN, A.: *Bases del diseño gráfico.* Barcelona: Gustavo Gili, 2004.

▌VV. AA.: *In effect. Acabados y materiales innovadores en el diseño gráfico.* Barcelona: Promopress Ediciones, 2012.

▌WONG, W.: *Fundamentos del diseño.* Barcelona: Index Book, 2011.

▌ZAPPATERRAY.: *Diseño editorial. Periódicos y revistas.* Barcelona: Gustavo Gili, 2014.

Textos electrónicos, bases de datos y programas informáticos

❚ Asociación Española de Normalización y Certificación, de: <http://www.aenor.es>.

❚ Asociación Española de Reprografía, de: <https://www.aerdigital.es/>.

❚ Ministerio de Educación, de: <http://www.cnice.mecd.es/recursos/>.

❚ Portal de Artes Gráficas, de: <http://www.alabrent.com>.

❚ Página oficial de *Adobe InDesign,* de: <https://www.adobe.com/es/>.